30秒看世界

30秒认识身体

[英] 安娜·克莱伯恩 著
[英] 韦斯利·罗宾斯 绘
陈雪 译　马向涛 审校

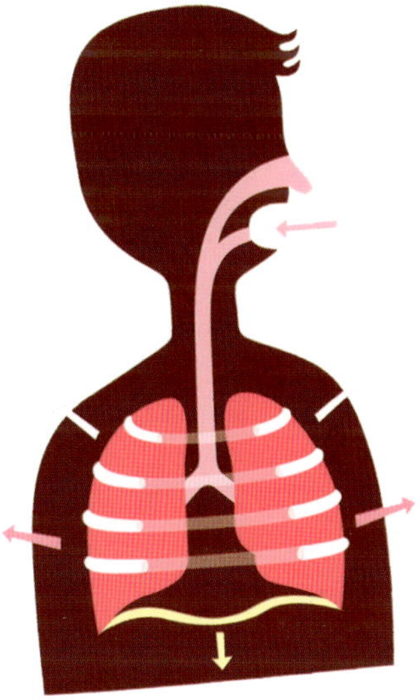

中信出版集团 | 北京

图书在版编目（CIP）数据

30秒认识身体 /（英）安娜·克莱伯恩著；陈雪译
. -- 北京：中信出版社，2019.7
（30秒看世界）
书名原文：Human Body in 30 Seconds
ISBN 978-7-5217-0732-8

I. ①3… II. ①安… ②陈… III. ①人体－少儿读物
IV. ①R32-49

中国版本图书馆CIP数据核字（2019）第116892号

30秒认识身体

著　　者：［英］安娜·克莱伯恩
译　　者：陈雪
出版发行：中信出版集团股份有限公司
（北京市朝阳区惠新东街甲4号富盛大厦2座　邮编　100029）
承 印 者：北京利丰雅高长城印刷有限公司

开　　本：787mm × 1092mm 1/16　　印　　张：5　　字　　数：60千字
版　　次：2019年7月第1版　　印　　次：2019年7月第1次印刷
京权图字：01－2018－7505　　广告经营许可证：京朝工商广字第8087号
审 图 号：GS（2018）5921号
书　　号：ISBN 978－7－5217－0732－8
定　　价：460.00元（全20册）

图书策划：见识城邦
策划编辑：肖雪　程时音　　责任编辑：卢建勇　曲沛然　于贺
营销编辑：杨璞　　装帧设计：象上设计
责任印制：刘新蓉

30秒认识身体

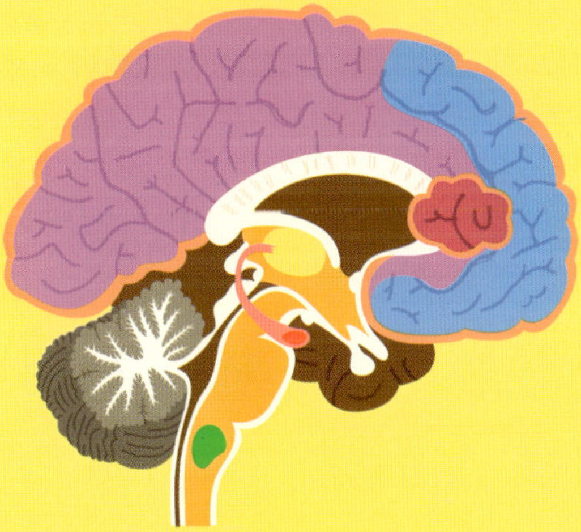

目录

序

60秒介绍

人体是一台迷人的机器，它活生生，会呼吸，还复杂到难以置信，而且我们每个人都有一台属于自己的机器！

无论你在哪里，无论你在做什么，你的身体就是你生活的地方——在你生命中的每一天，24小时不停歇。它有感觉，可以告诉你周围发生了什么事；有大脑，可以去思考和做决策；有肌肉，可以让你运动。它摄入食物和氧气，然后将其变成你身体运转所需要的能量。

你的心脏，呼吸、体温控制和排泄系统都在不停地工作，从而保证你的生命持续下去，即使当你熟睡的时候也一样。如果你的身体遭到损伤，那么它可以自我修复并杀死侵入的微生物。

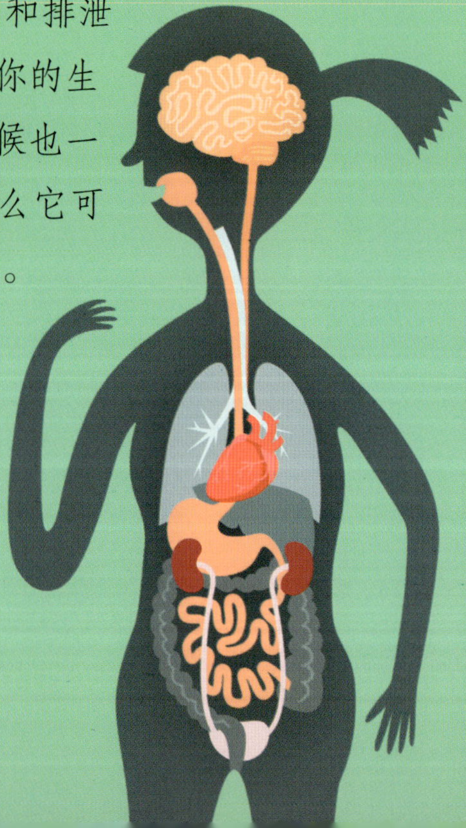

我们数千年来一直在研究人的身体。在古埃及，人们会对尸体进行解剖，并把它们制作成木乃伊，然后为埋葬它们做准备。他们在此过

程中发现了不同的组织器官，例如肺、脑和阑尾。从那时起，我们就已经了解到了大部分人体结构的组成情况。

然而，我们仍然在发现新鲜的事物。不到100年以前，科学家们发现了我们细胞中的一种化学物质——DNA是如何控制我们的身体运作和成长的。不到10年前，我们终于弄明白了脚趾和手指尖在洗澡的时候变皱是为了让我们能更好地紧握住潮湿物体的表面。有些东西，例如，大脑是如何思考的，仍然是个谜题。

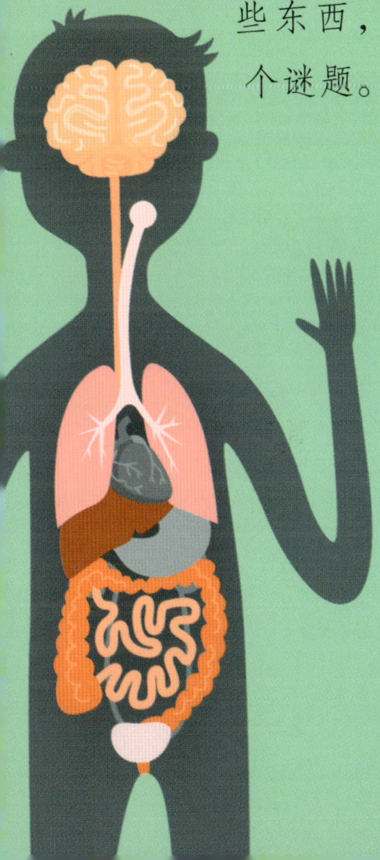

本书的各个章节探讨了人体的所有构成要素，包括器官和它惊人的能力。30个主题各有一个快速解读版块，并附有简明扼要的3秒钟总结。在3分钟任务里有一些实验，你可以尝试着测试自己的身体，这些测试可以让你看到自己惊人的身体是怎么工作的！

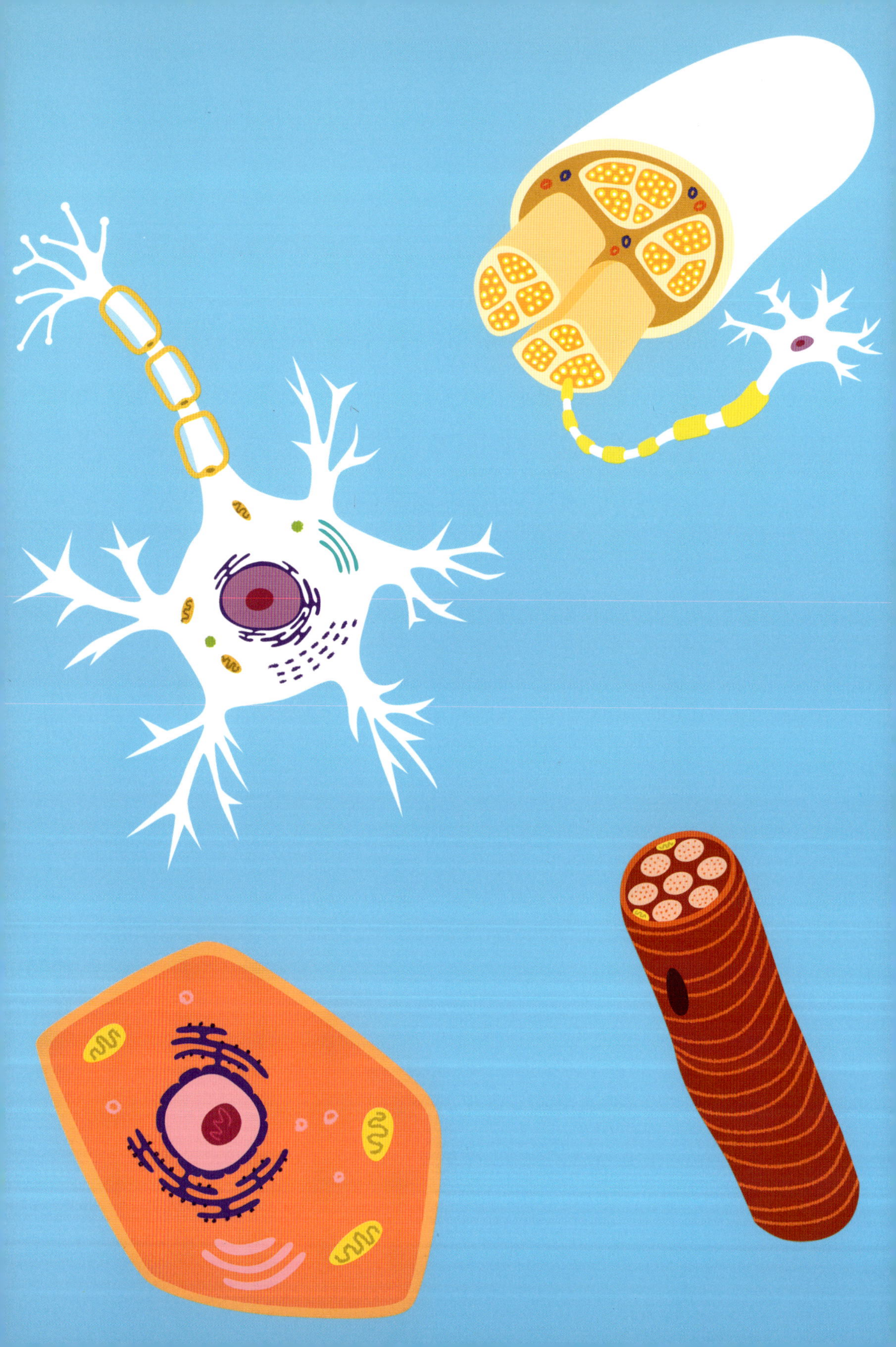

人体部位

与一座山、一座高楼甚至是一头大象相比，你可能会觉得自己相当渺小。但是你实际上是一个非常庞大且复杂的生物，由数百万个不同的元件组成。像其他的生物一样，人体是由微小的细胞构成的。它们连接在一起共同形成组织（如皮肤与肌肉）、器官（如胃与大脑）与系统（如消化系统）。

细胞

30秒大揭秘

细胞非常小——微小到它们大多数只能用显微镜才能看见。每一个细胞都有它自己的保护层，或者说细胞膜，里面充满了像果冻一样的液体细胞质。在细胞质里漂浮着的是细胞自身的迷你器官，叫作细胞器。

大多数细胞有一个指挥中心，叫作细胞核。在这里，基因控制细胞并指导细胞工作。但还有一些细胞（例如红细胞）没有细胞核，因为它们并不需要细胞核。

人体内的细胞不尽相同。事实上，你有大约200种不同的细胞，它们都各自与不同的职能相对应。例如，红细胞携带氧气，皮肤细胞形成各层皮肤，还有特殊的脑细胞和神经细胞，后者叫作神经元，可以把信号在全身进行传递。

细胞在做好自己工作的同时，还可以互相交流，团队协作，结合在一起形成更大的身体组织。

3秒钟总结

人体是由数以万亿计的小细胞组成的。

小知识

有多少细胞呢？

生物体有多少细胞呢？要一个一个地数，那实在是太多了，所以科学家们基于体重和种类来计数。

- 许多生物，例如细菌和变形虫，只有1个细胞。
- 一只很小的果蝇有大约100万个细胞。
- 人类有大约50万亿～100万亿个细胞。
- 一头大象可以有超过1 000万亿个细胞（也就是超过1 000 000 000 000 000个细胞）。

由于你的细胞的分工不同，它们看上去长得非常不一样

皮肤细胞形成向皮肤表面移动的层状结构，随着移动的进行，它们变得越来越平坦

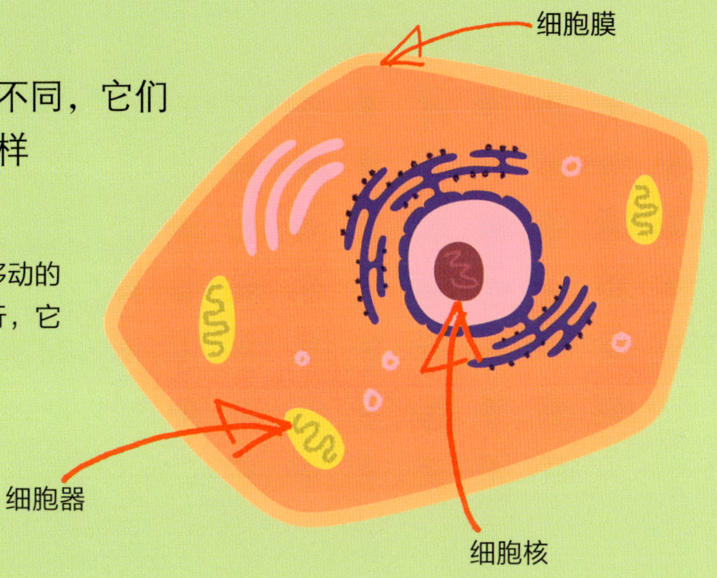

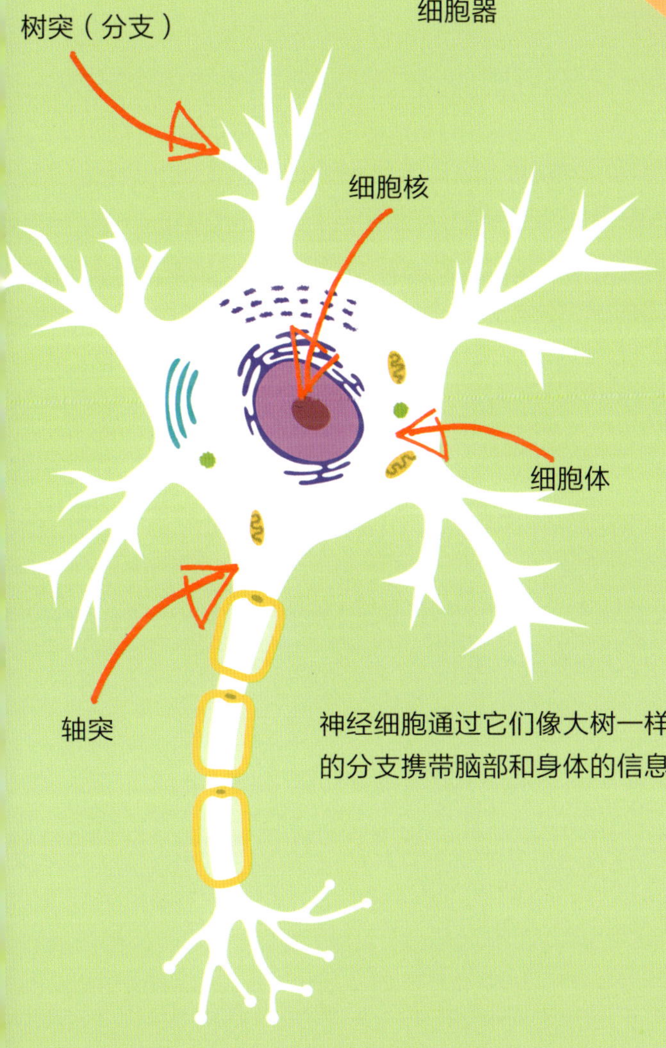

神经细胞通过它们像大树一样的分支携带脑部和身体的信息

长棒状的肌肉细胞通过收缩（变短）来使整块肌肉收缩

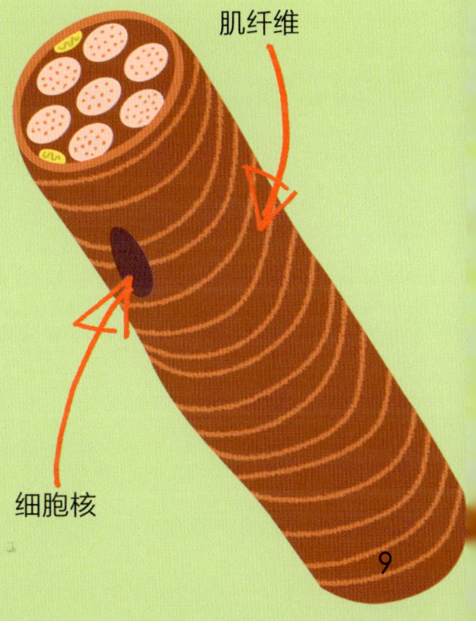

组织

30秒大揭秘

当你观察身体的某个部分时，例如你的手、头发或者舌头，你正在看的是数百万个细胞，它们聚集在一起，便形成了身体组织。

如果细胞不像这样聚集在一起，你就不会有什么身体了！你将会是散落在地上的一大堆细胞，看上去就像是一锅浓汤。

细胞形成几种不同的组织：

- 皮肤　细胞形成皮肤，以此把你的身体和器官（比如心脏和胃）覆盖起来。类皮肤组织也会排列在器官（比如肠道）的内部。皮肤细胞还会形成头发和指甲组织。
- 肌肉　还有一种身体组织，是由数百万个肌肉细胞组成的。你的骨骼上遍布着肌肉，还有更多肌肉构成了器官的一部分，例如你的胃、眼睛和心脏都有肌肉存在。
- 神经组织　神经组织形成了贯穿你全身和大脑的神经通路，在身体各个部分之间传递信号。
- 结缔组织　这是非常坚韧的组织，将身体各部位连接在一起。例如，它将皮肤连接在你的身体上。

3秒钟总结

细胞聚集在一起，形成构成身体各部分的组织。

3分钟任务

离近点看看！

你需要：手持显微镜或放大镜

许多身体组织你是看不见的，因为它们隐藏在你的体内。用放大镜或者显微镜仔细看看你的皮肤、头发，还有手指甲。靠近看时它们是什么样子？拍张照片吧！

你身体里不同类型的组织是由不同类型的细胞形成的

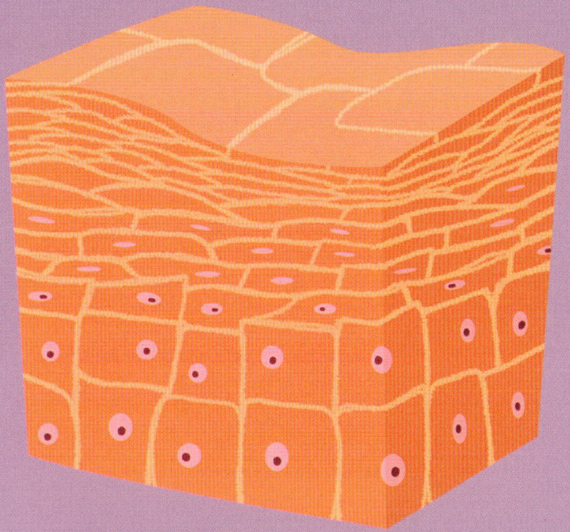

皮肤是由皮肤细胞一层一层地组成的。形成最外侧皮层的细胞是死细胞

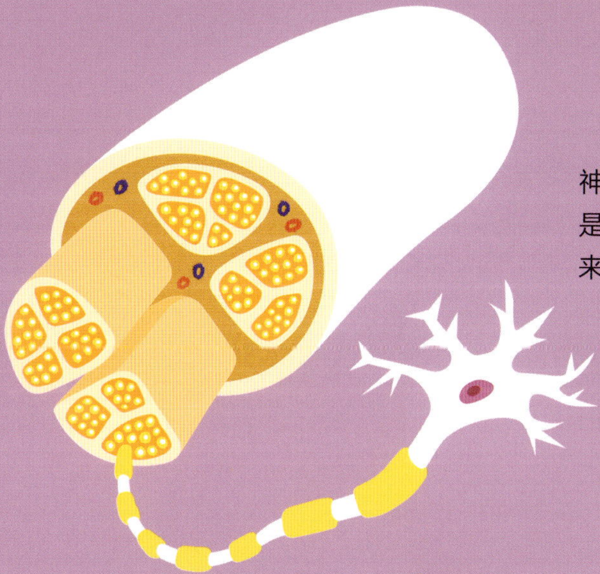

神经在全身传递信号，它是由许多股被紧密包裹起来的神经细胞组成的

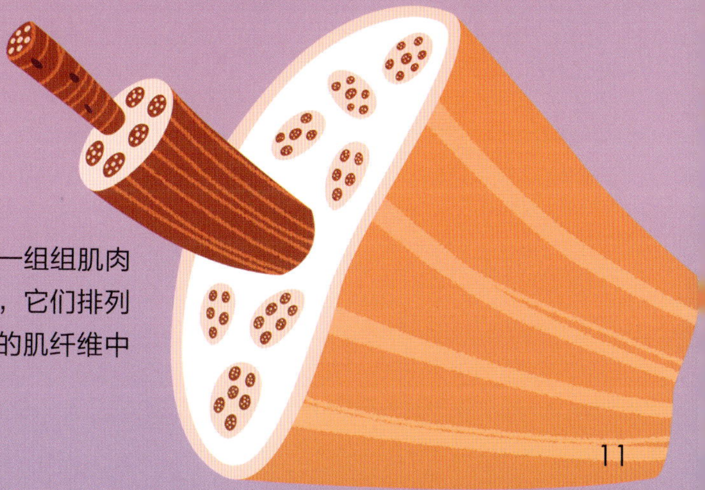

骨骼肌是由一组组肌肉细胞组成的，它们排列在管子一样的肌纤维中

器官

30秒大揭秘

当你需要思考时，你就会用到脑；在吸气时，会使用到你的肺；在看东西时，就会使用到你的眼睛。

这些都是器官——执行特定职能的身体的某个部分。器官通常是由多种不同的细胞和组织组成的。你的全身大约有80种器官。

最复杂的器官是脑。除了大脑皮层，或者说负责思考的部分以外，它还有其他几个部分负责存储记忆、保持平衡、控制呼吸和心跳。脑部有超过1 000亿个细胞！

其他许多器官要更简单些，它们只负责一项任务。眼睛从你身体外面收集光的排列方式，将其发送到脑部。胃消化你摄入的食物，使其变成糊状。膀胱是一个有弹性的袋子，它可以暂时储存尿液，直到你去卫生间为止。

有些器官会做很多工作。肝脏是所有器官中最大的一个，它要做大约500种工作！这些工作包括储存维生素、制造消化食物所需要的化学物质和为你的细胞储存能量。

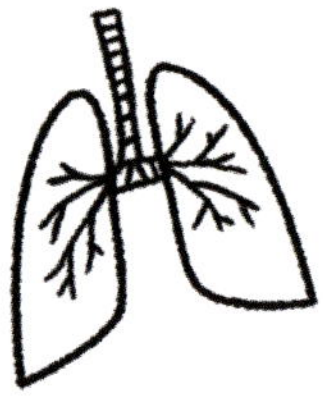

3秒钟总结

器官是身体的一些复杂部分，它们负责特定的工作。

3分钟任务

器官测试

将器官和职能相匹配！可以上网查询哦。

肾脏	困住细菌
心脏	发出声音
食道	泵血
肺	滤除血中废物
淋巴结	从空气中提取氧气
喉	将食物从喉咙运送到胃

（答案在第78页）

器官是由特殊的细胞和组织组成的，
可以帮助它们完成自己的工作

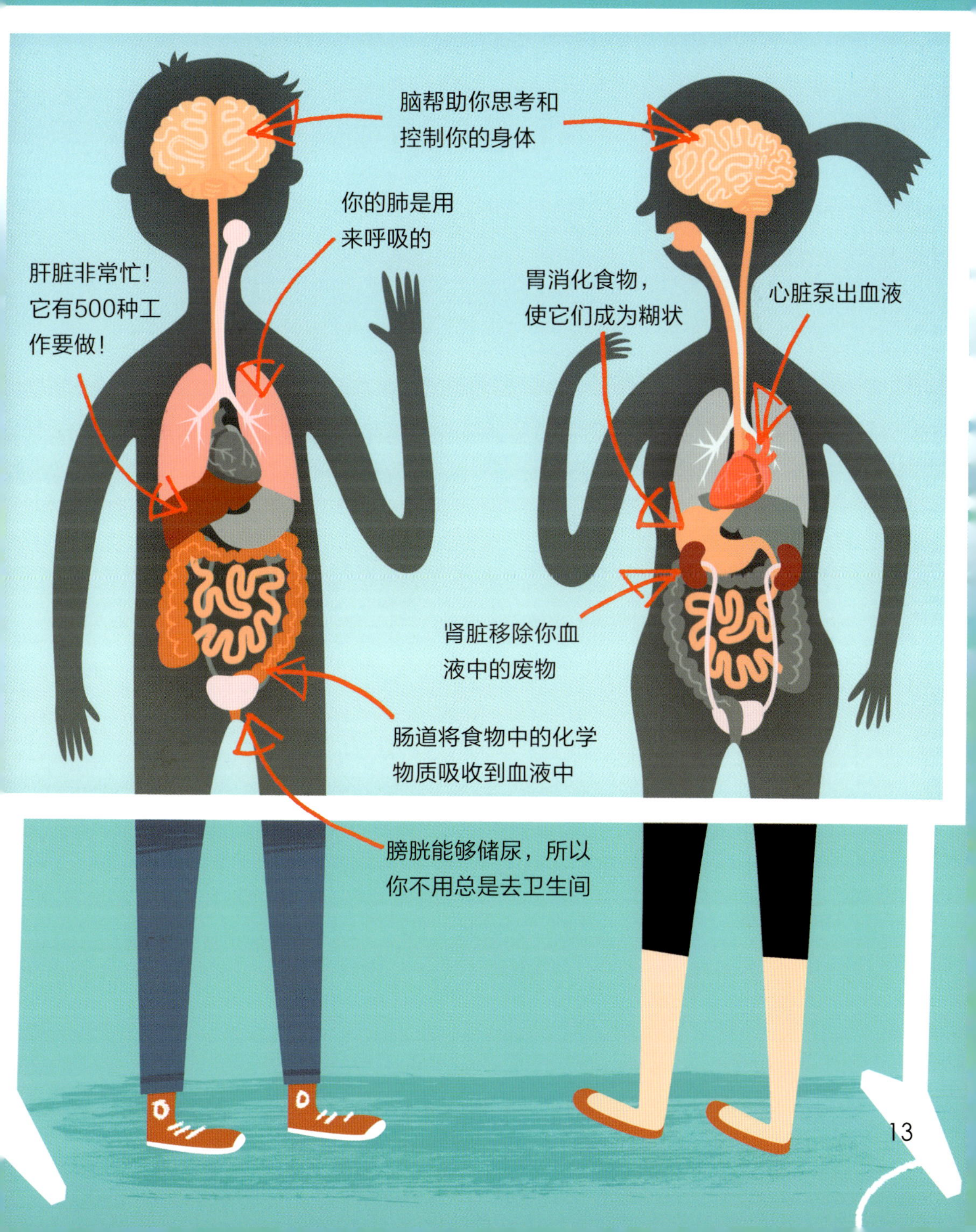

人体系统

30秒大揭秘

你的身体有点像一座忙碌的大城市，其中同时进行着多种多样的活动。人体内有几套独立的系统，以确保所有事情顺利运行。

一个城市有交通运输系统、食物和能量供应系统，还有废物处理系统，以及传递信息和应对危险的系统。人体也是一样的。多组细胞、组织和器官一起工作，以使你的身体能够运行下去。

举个例子，消化系统处理食物。嘴巴吃进并咀嚼食物，喉咙吞咽食物，食道把食物送进胃里。胃将食物挤成糊状，然后小肠吸收有用的化学物质，大肠收集残留物。

神经系统是人体的信息传递系统，它在感觉器官、脑和肌肉间传递信号。循环系统（心脏、血液和血管）是交通运输网络，它把氧气、食物中的化学物质和药物运送到需要的地方。免疫系统就像是警察，保卫并对抗微生物。

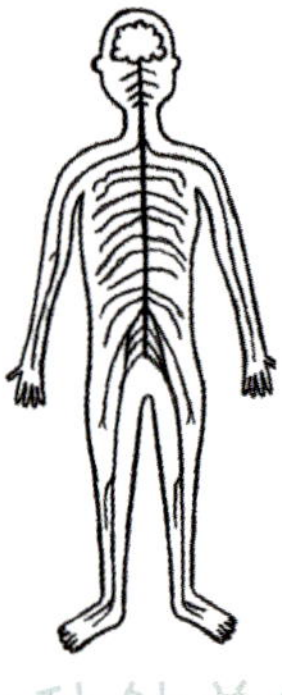

3秒钟总结

身体组织和器官分组工作，它们形成了人体系统

小知识

相互连接的系统

如果你可以看到你的身体内部，你不会看到许多整整齐齐、泾渭分明的人体系统——你将看见混为一团的管道、器官和组织。人体各系统之间是相互联系和相互纠缠的，有许多的身体部位属于多个系统。例如，你的鼻子既是用来呼吸（呼吸系统）又是用来闻味道的（神经系统）。

你的身体中有许多系统，它们由协同工作的细胞、组织和器官组成

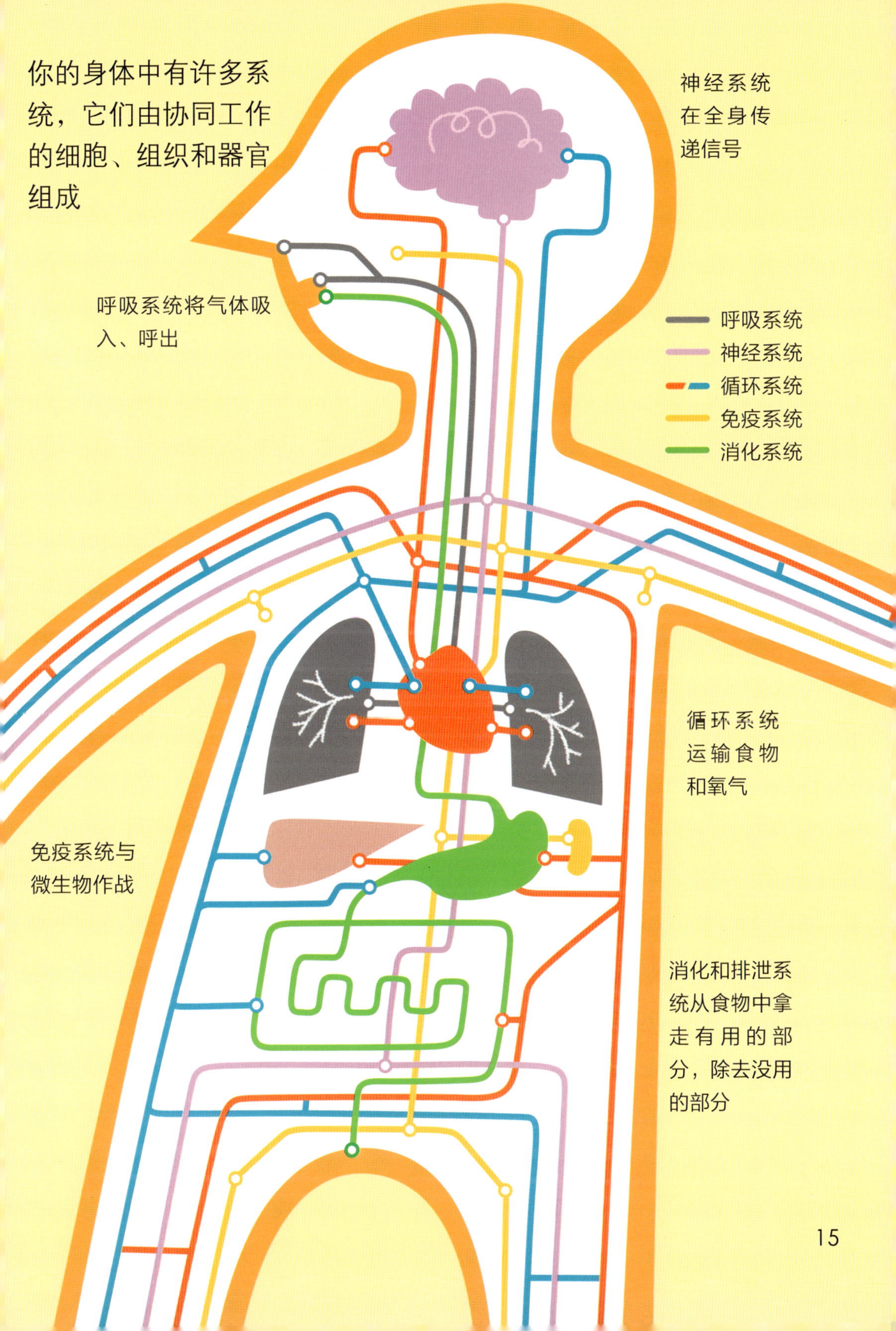

人体结构

如果你让一个朋友在3秒内画出一个人形，他大概会画一个有两条胳膊、两条腿、一个身子和一个头的火柴人。这种基本形状取决于我们的骨骼，而我们和许多动物在这一点上都是一样的。这些骨骼形成了互相连接的基础框架。肌肉附着在骨骼上，它帮助我们进行运动，皮肤、头发和指甲提供了保护性的覆盖层。

骨骼

30秒大揭秘

如果你没有了骨骼，将会是什么样子？你将会变成堆在地上的、又软又没有形状的一堆器官，就是这个样子！

你的骨架是整具身体的框架。因为骨骼坚硬又结实，所以它们可以把你支撑起来，塑造出身体的形状和结构。有些骨骼，例如颅骨和肋骨，也有另一项工作——保护大脑、心脏和肺部等柔软的器官。此外，骨骼中也储存了重要的矿物质。

骨架由200多块骨骼组成，它们通过可以活动的关节连接在一起。这意味着它可以完成数千种不同的动作，所以你才会走和跑、说话和咀嚼、拿起笔、做倒立或者擦鼻涕。

当你想到一具骨架时，你可能会想到一堆古老而干瘪的骨骼。但是，当你活着的时候，你的骨头也是活着的。它们是复杂的身体部分，有穿过其中的神经和血管，这些神经和血管将它们和身体的其他部位联系起来。长骨内部还有一种被称为骨髓的柔软物质。骨髓承担着为人体制造新生血细胞的重要工作。

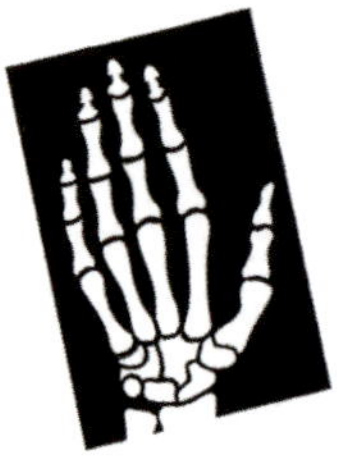

3秒钟总结

骨骼支撑身体，保护器官，帮助你移动。

3分钟任务

有弹性的骨头

你需要：煮熟后冷却下来的、干净且干燥的鸡骨头，一个小坛子和白醋

骨头很硬，因为它们含有大量的矿物质——钙。看看要是没有钙，会发生什么。把骨头放进装了白醋的坛子里，将它浸泡几天。醋可以去除钙，使骨头变得柔软有弹性。

骨骼构成了你身体的框架，把你的器官保护起来

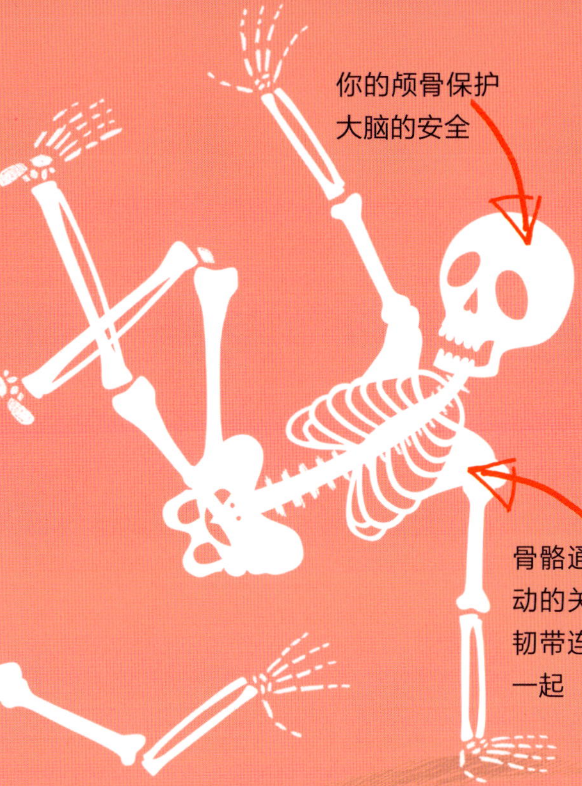

你的颅骨保护大脑的安全

从数量上说，你的骨骼有一半在手和脚上

骨骼通过活动的关节和韧带连接在一起

骨骼让你的身体可以摆出各种各样的姿态！

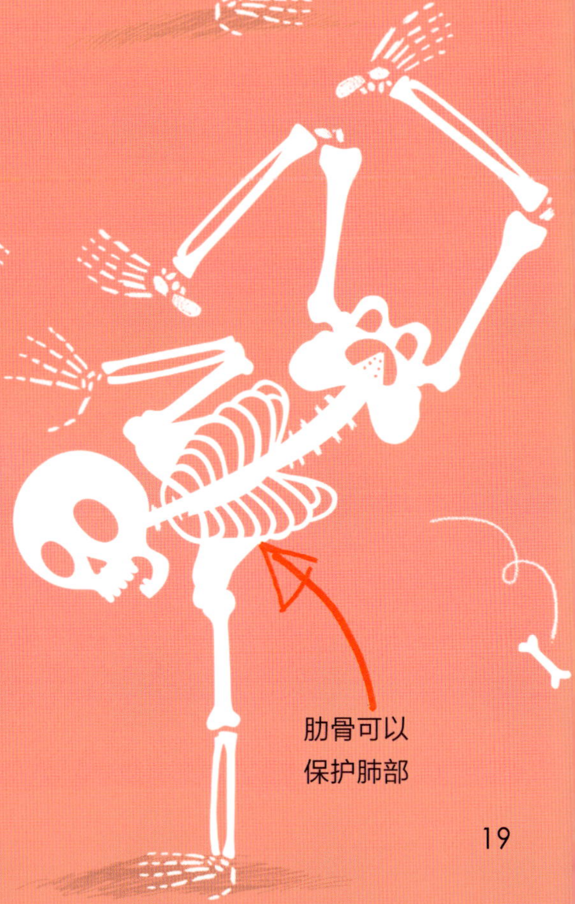

存在于长骨中的骨髓是制造血细胞的地方

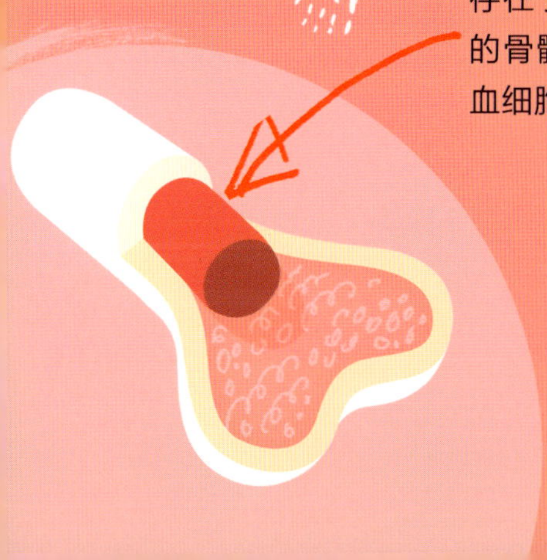

肋骨可以保护肺部

肌肉

30秒大揭秘

为了活下去，你的身体必须运动。你可以走路、吃饭、说话，甚至呼吸，都是因为肌肉运动。

如果你绷紧上臂或小腿，你能感觉到皮肤下面的肌肉。这些是骨骼肌——附着在骨头上的肌肉。你全身各处大约有640块骨骼肌，它们的作用在于连接骨骼系统与维持身体姿态。

许多器官，例如胃和肠，必须靠运动才能工作。它们使用一种叫作平滑肌的肌肉，这些肌肉在组织与器官的内部或周边形成有弹性的环或带。这些肌肉的数量以百万计，其中包括连着全身500万根体毛的肌肉！心脏还有一种特殊的肌肉，叫作心肌。

肌肉通过牵拉来发挥作用。肌肉可以收缩，或者说变短，这可以使它牵拉其附着的任何东西，或者挤压任何被它包裹的东西。当肌肉舒张时，它又会变长。

3秒钟总结

肌肉拉动身体部位，从而使其运动。

小知识

鸡皮疙瘩！

寒冷或者害怕，会让人起鸡皮疙瘩。这会让动物看起来更大、更可怕，也会使它们的毛发竖立起来以保持温暖。人类已经不再有那么长的体毛，但我们仍然会起鸡皮疙瘩！下次你起鸡皮疙瘩时，仔细地看一看。你会看到每一根体毛都竖立起来，把皮肤拉扯出一个小鼓包。每根毛发都有一小束平滑肌，可以把毛发垂直地拉起来。

你有三种肌肉帮助你运动
并让你能够活下去

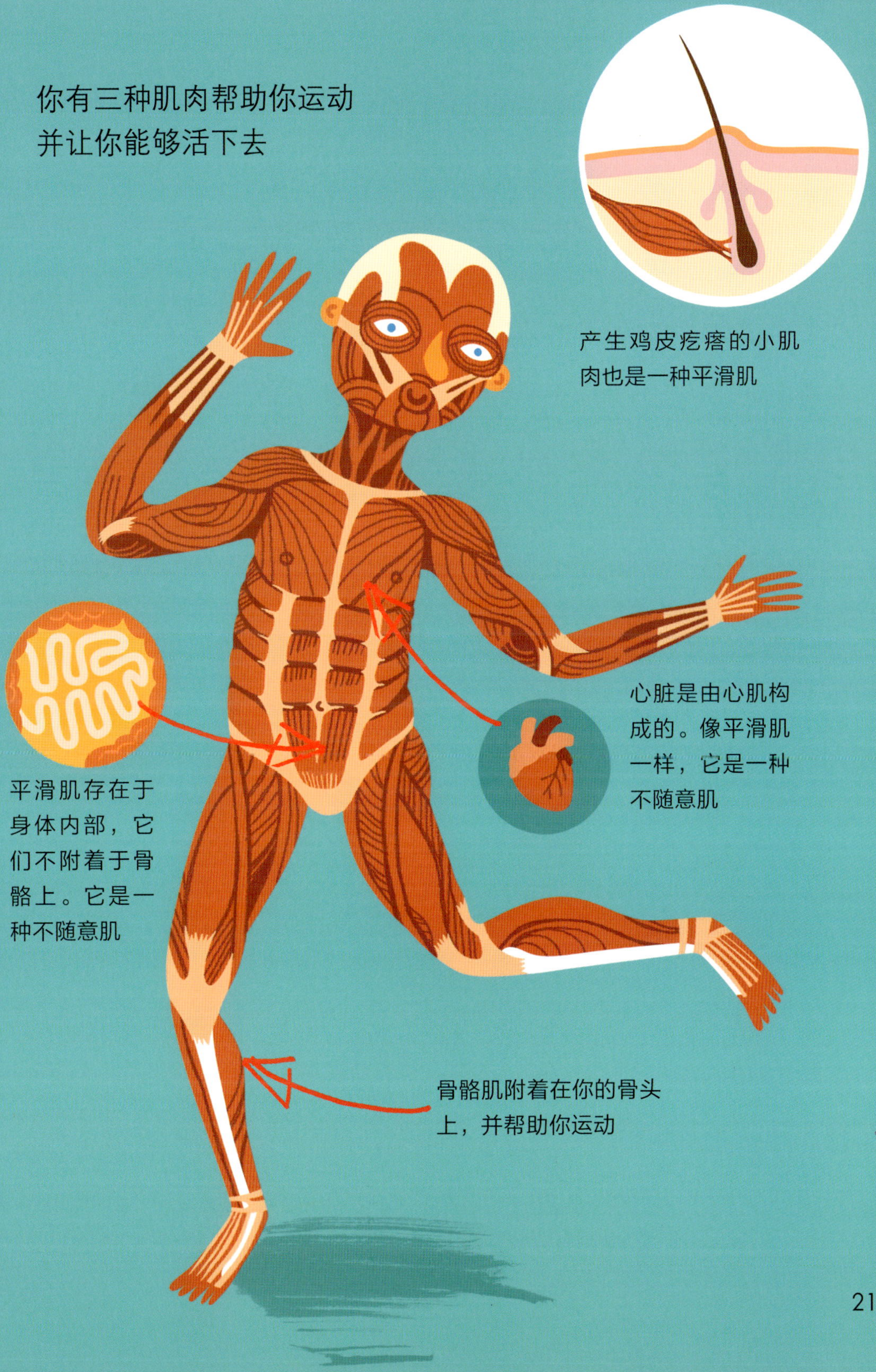

运动

30秒大揭秘

有人给了你一个冰激凌，于是你伸出手接它。究竟是发生了什么事情，才促使你产生这样的运动？

肌细胞包含两种类型的肌纤维，分别是肌动蛋白和肌球蛋白，它们互相重叠。为了使肌肉收缩，大脑会给它发出一个信号。这使得肌动蛋白和肌球蛋白纤维重叠得更紧密，一同进行拉伸。肌肉因此变得越来越短，越来越厚，当它把两个身体部位拉向彼此时，肌肉会鼓起来。

为了完成伸臂运动，你的大脑会向肱三头肌发出信号。肱三头肌将肩胛骨和肱骨的后部连接到肘部的后侧。当肱三头肌缩短时，它将牵拉肘关节使你的手臂伸直。

但是下一步呢？你现在需要把冰激凌送到嘴里，但肌肉只能牵拉。为了再次弯曲你的手臂，肱三头肌会舒张，由另一块肌肉——肱二头肌来接管。肱二头肌将肩胛骨和肱骨的前部连接在前臂的骨骼上。当它收缩时，它将前臂拉起，你的手臂就会弯曲。

3分钟任务

测试你的反射

反射是你自动做出的动作。来试一试最有名的膝跳反射！保持双腿交叉起来的坐姿，让朋友用尺子或书本的边缘轻轻敲击你膝盖下方一点的位置。你的腿发生了什么？它会向上摆动。这个信号不是由你的大脑发出的，而是来自你的脊髓。这是对你身体上发生的某些事情做出的回应。

3秒钟总结

肌肉成对运动，使身体各部分可以来回运动。

你的神经系统和肌肉协同工作，使你的身体产生运动

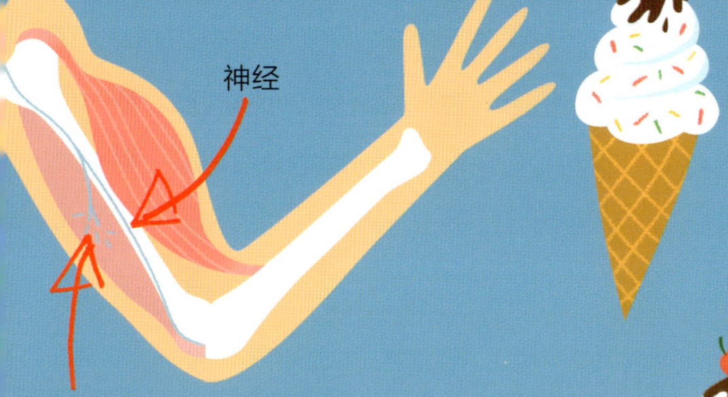

大脑发出的信号沿着神经传递到肱三头肌

肌纤维收紧，肱三头肌收缩，你的手臂伸直

信号发送到手指的肌肉，让手指抓住你的目标。拿到冰激凌了！

现在大脑给你的肱二头肌发送信号

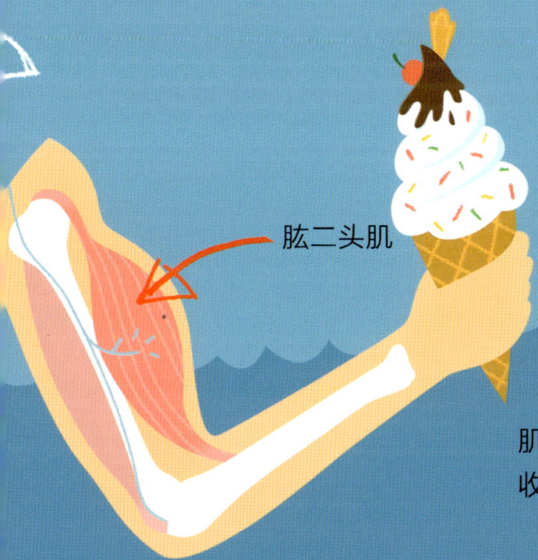

肌纤维收紧，肱二头肌收缩，你的手臂弯曲

现在你可以吃到冰激凌了！

牙齿

30秒大揭秘

你看不到你的大部分骨骼。但照照镜子，微笑一下，还有一点你可以看到——那就是你的牙齿！

牙齿不是骨骼，但它们是相似的。每一颗牙齿都有一层坚硬的釉质外层，这是人体中最坚硬的物质。在釉质外层下是骨骼样的牙本质，其中含有大量的钙和其他矿物质。在牙齿中间的是柔软的牙髓，里面含有的血管和神经将牙齿连接到身体的其他部位。长长的牙根将牙齿固定在颌骨上。

牙齿很重要。除了咀嚼食物外，它们在说话方面也起着重要的作用，我们还把它们用作撕扯或切碎东西的工具。与骨骼不同，牙齿受损时不能自行修复。牙釉质非常坚固，但它可以被酸性食物和以食物残渣为食的微生物腐蚀。刷牙可以消灭上面这些东西来保证牙釉质的安全。

骨骼可以生长，但牙齿却不能——它们只是从你的牙龈里挤出来。婴儿有一套20颗的小“乳牙”，当你的嘴变大时，它们会脱落，被至少32颗恒牙取代。

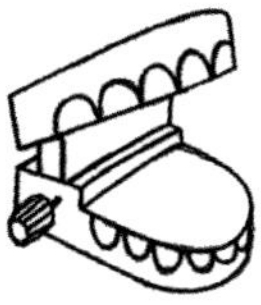

3分钟任务

关于鸡蛋的实验

看看碳酸饮料对牙齿做了什么：

1. 拿两个浅色的、煮熟的鸡蛋（先请一个成人把鸡蛋煮熟并将其冷却）。把两个鸡蛋都放在一杯可乐里。
2. 过几分钟后取出一个，用牙刷和牙膏把它刷干净。
3. 把另一个留在可乐里过一个晚上，你看到了什么？

3秒钟总结

成年人有至少32颗牙齿用来咀嚼食物和讲话。

有三种类型的牙齿固定在你的颌骨上

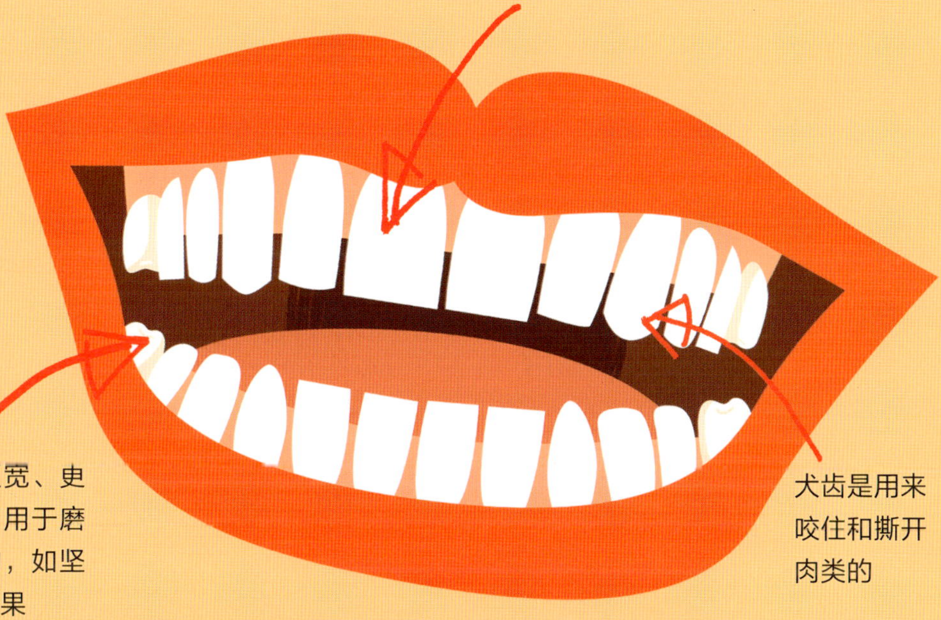

牙齿的内部

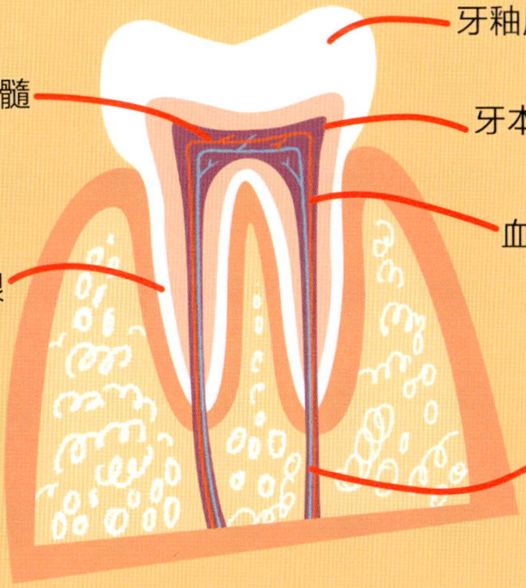

X光片显示孩子的乳牙下面是排成一排的恒牙，它们随时准备替代乳牙

皮肤、毛发和指甲

30秒大揭秘

皮肤是人体中最大的部分之一。一个成年人的皮肤如若被铺开，它的面积将和一张单人床差不多，而其重量相当于三件冬装外套！

皮肤为你的身体做了很多必要的工作。这些工作包括：

- 把你所有的器官和身体部位都结合在一起。
- 保持水分不流失——皮肤是防水的，可以防止身体变得干燥。
- 隔绝水分——当你在洗澡或游泳时，皮肤可以阻止你像海绵一样吸收水分。
- 保持温暖——在你的皮肤下有一层保持热量的脂肪。
- 保持凉爽——如果你太热了，你的皮肤会出汗使你凉爽下来。
- 形成一道屏障，防止尘土和细菌进入。
- 给骨骼和关节减震。
- 用对触觉敏感的神经来感受压力、热、冷和痛。

毛发、指甲和脚指甲都是从皮肤里往外长的，它们都是由一种叫作角蛋白的蛋白质组成的。它们由皮肤样的细胞形成，随着皮肤把它们逐渐向外推而长得更长。

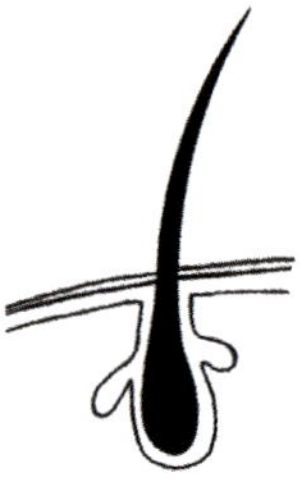

3秒钟总结

皮肤、毛发和指甲形成了身体的外层。

3分钟任务

你的头发有多坚韧？

1. 轻轻拔出一根头发，并把它粘在铅笔的一端。

2. 用一摞书把铅笔的另一端夹起来，以使铅笔伸出，而粘在上面的头发悬空并下垂。

3. 把一枚硬币粘在头发的另一端。继续增加更多的硬币。在头发折断前，它能承受多少枚硬币？

皮肤、毛发和指甲保护你的身体免受外界伤害

皮肤、毛发和指甲也是人们一直暴露在外的身体部位。所以人们梳妆打扮，使它们变得更美

眉毛和睫毛保护眼睛免受汗水、雨水和灰尘的伤害

头发给你的头部保暖

当你潜入游泳池时，你的皮肤几乎发挥了它所有的功能

指甲保护着你敏感的指尖

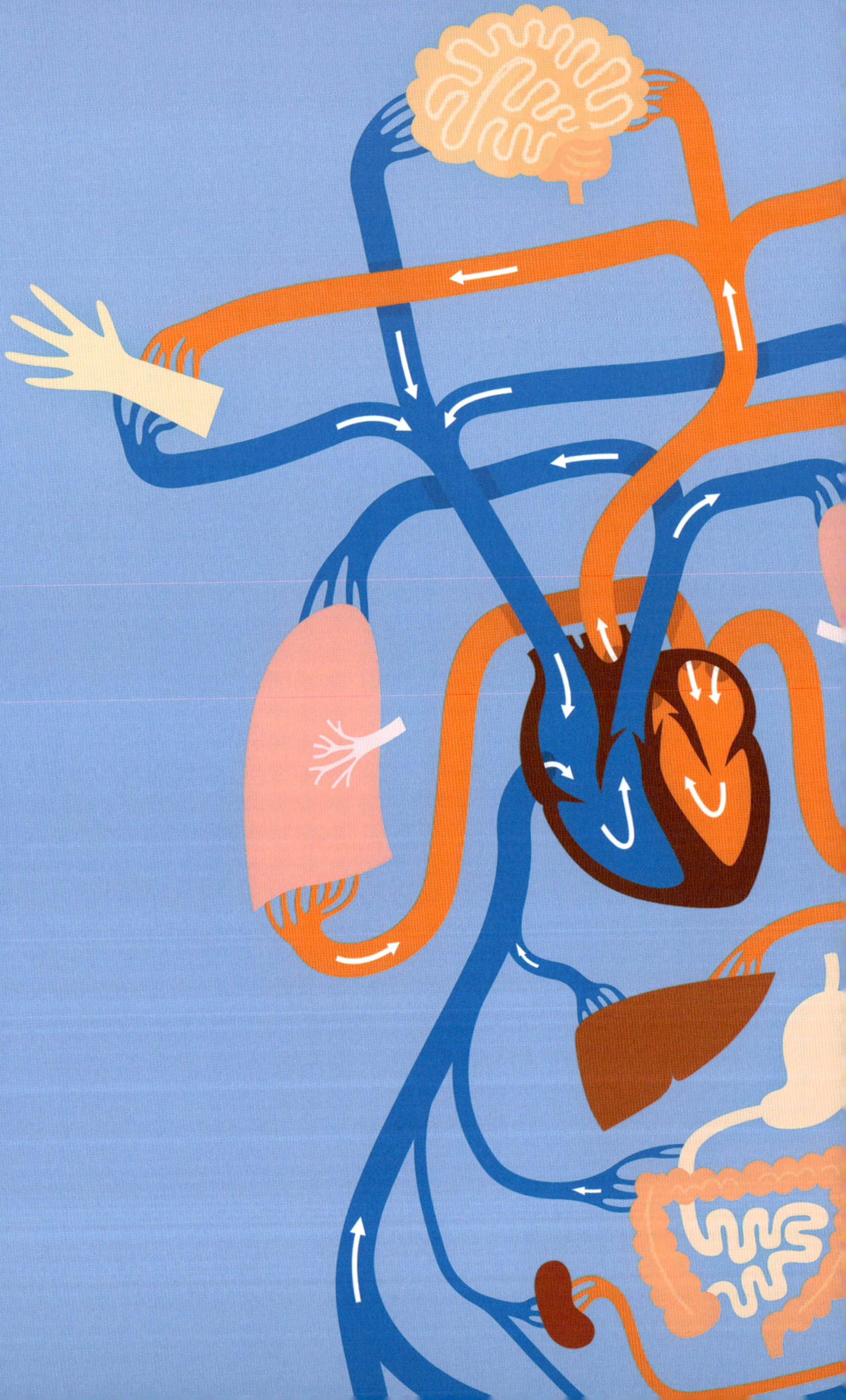

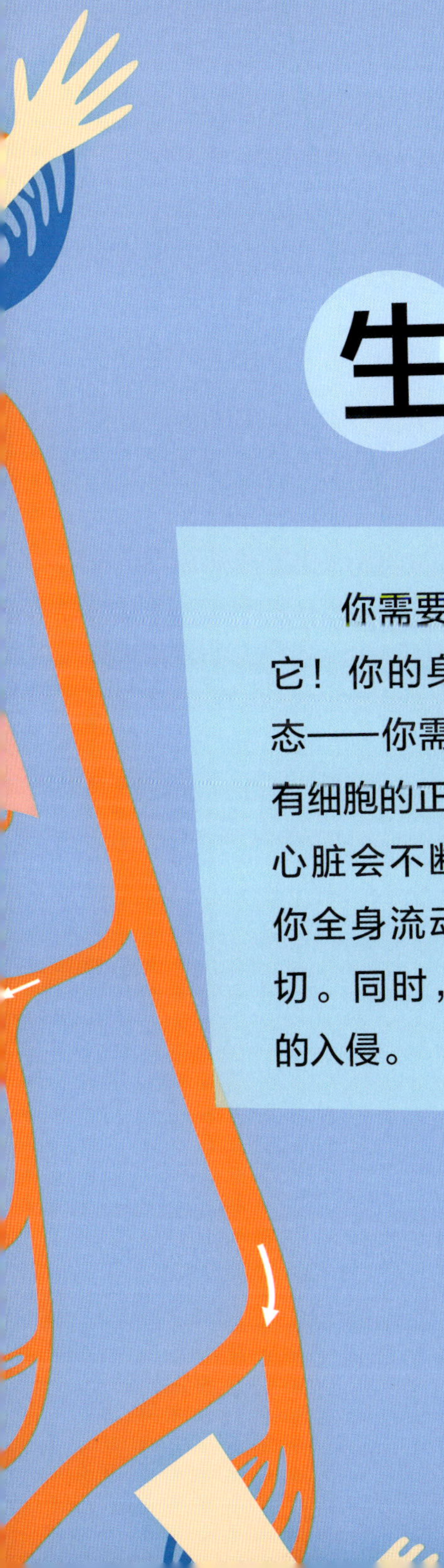

生存系统

你需要一个三明治，而且你现在就需要它！你的身体可以自己保持良好的运转状态——你需要摄入食物和空气，来维持你所有细胞的正常工作，并使你充满活力。你的心脏会不断搏动，泵出血液，这些血液在你全身流动，为细胞提供它们所需要的一切。同时，免疫系统会警戒微生物和疾病的入侵。

消化

30秒大揭秘

当你吃饭时，食物就会通过你的消化系统。这是一条贯穿你身体的通道，由几个器官连接在一起。消化过程主要分为五个阶段：

- 咀嚼　你用牙齿把食物磨碎成小块。你的口腔分泌唾液，使食物更加柔软，这有助于食物的溶解。

- 吞咽　你的舌头把食物送到口腔的后部。强壮的肌肉将食物往下挤压，通过喉咙进入食道（这是一根连接到胃的管子）。

- 溶解　你的胃将食物压扁，和胃酸混合在一起。这会把食物溶解成一种黏稠的汤（食糜）。

- 吸收　食糜涌入到一根长长的、卷曲的管子——小肠。小肠里排列着数以百万计的微小的指状突起，这些部位被称为绒毛。它们可以吸收有用的化学物质并把它们运送到你的血液中。

- 废物收集　剩下的边角料（如番茄种子和玉米皮）会进到大肠，形成一块块的粪便，最终在你上卫生间时离开你的身体。

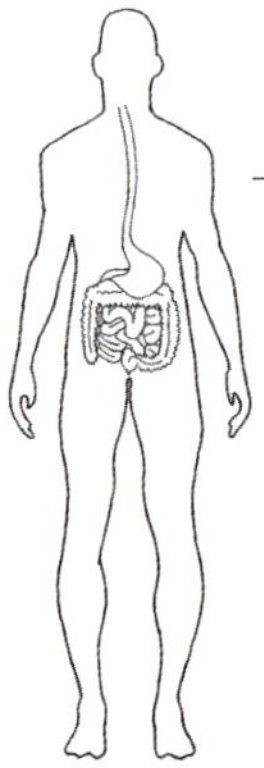

3秒钟总结

消化系统把食物溶解，吸收其中有用的部分，然后排出废物。

3分钟任务

消化系统有多长？

消化系统不是一条直线，它有很多弯道和圈，尤其是小肠那里。事实上，你的消化系统的长度大约是你的身高的4.5倍！

要看你的消化系统有多长，可以先测量一下你的身高，然后乘以4.5。写下答案，量出一段同等长度的线。把线在地板上铺平，你就会看到你的食物走得有多远！

消化系统吸收食物中有用的部分并排出废物

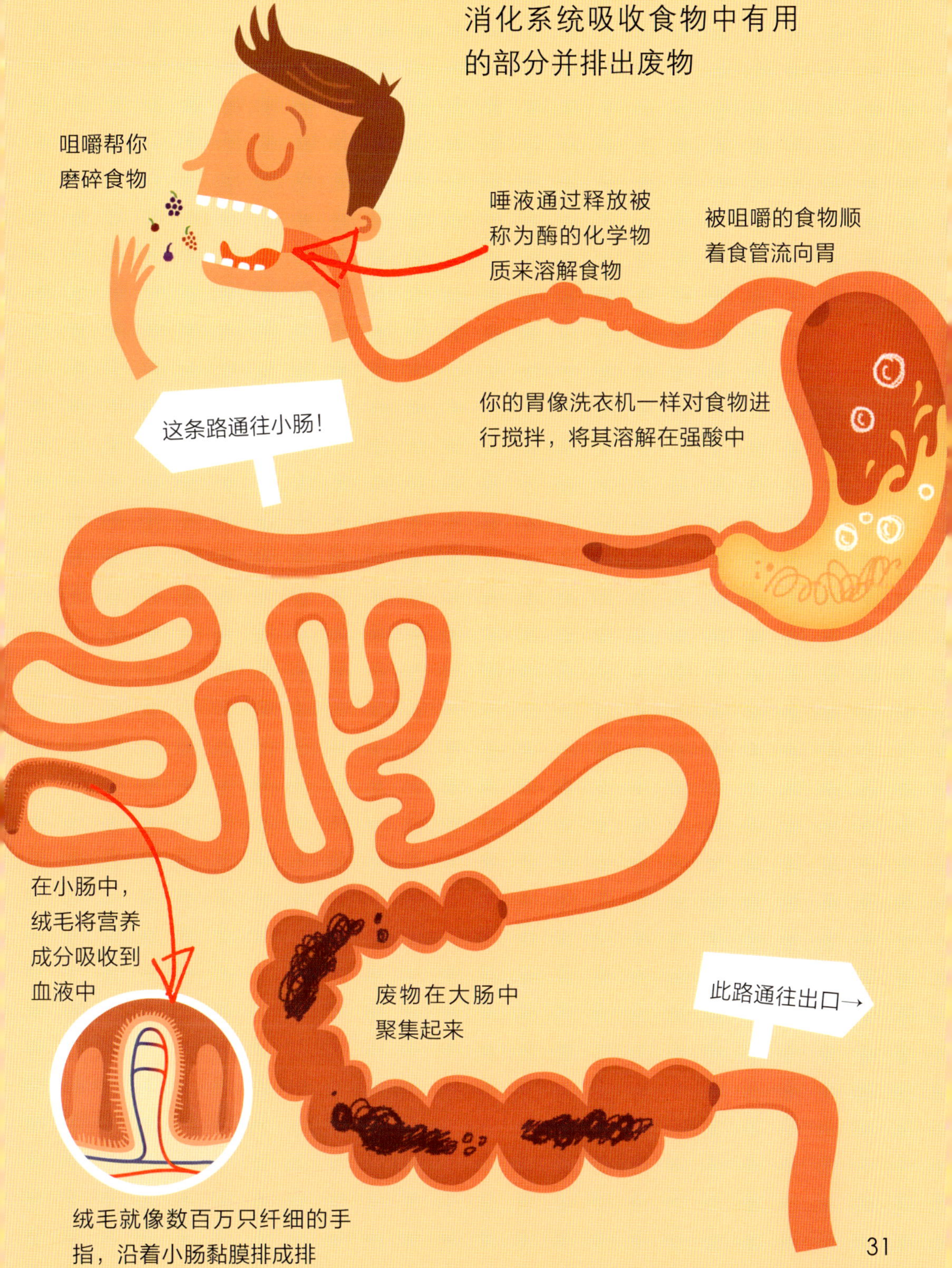

排泄

30秒大揭秘

就像一座大城市一样，你的身体也会制造出大量的废物。这些废物必须被收走，否则它们会聚集在体内并使你生病。当你去卫生间的时候，有些废物会被排出来——但这并不是唯一的方式。事实上，无论你走到哪里，你都会留下废物！

- 大便是由食物中一切不能消化的残渣构成的。大便中也含有一些生活在肠道内的微生物。

- 尿，或小便，是液体的废物。你体内的所有血液都会通过两个肾脏，肾脏从中收集多余的水和废弃的化学物质。尿液被送到膀胱并被储存在那里，然后每天几次地从你的身体中排出。

- 二氧化碳是细胞把食物转化为能量时产生的废气。你的血液把它带到肺里，然后将它呼出。

- 你体内的细胞会不断死亡，新的细胞就会代替它们。一些死细胞被带到脾脏，在那里它们被循环利用。另一些死细胞被特殊的血细胞吞噬。死亡的皮肤细胞则会脱落，它们的数量多达每天5亿个！

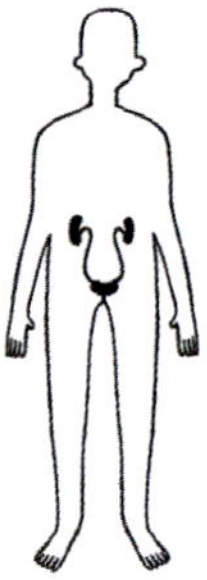

3分钟任务

称一称你的皮屑！

人体每天脱落多达5亿个皮肤细胞，每年可多达约2 000亿个！这些细胞的重量令人印象深刻，达700克，空气中和家里的尘埃有很大部分是由它们构成的。真是讨厌！

为了弄清迄今为止你已经产生了多少皮屑，用你的年龄乘以700克。如果按平均寿命80年来计算的话，你的一生会产生多少皮屑？

3秒钟总结

你的身体不断制造和释放各种不同类型的废物。

为了保持身体的清洁和安全，身体各系统会收集、储存和排出废物

当你吃东西、喝水时，身体会从中吸收它所需要的物质，以保持细胞、肌肉和其他身体部位的正常工作

你的身体不需要的部分则必须被排出

在一天之内，你的身体将会排出：

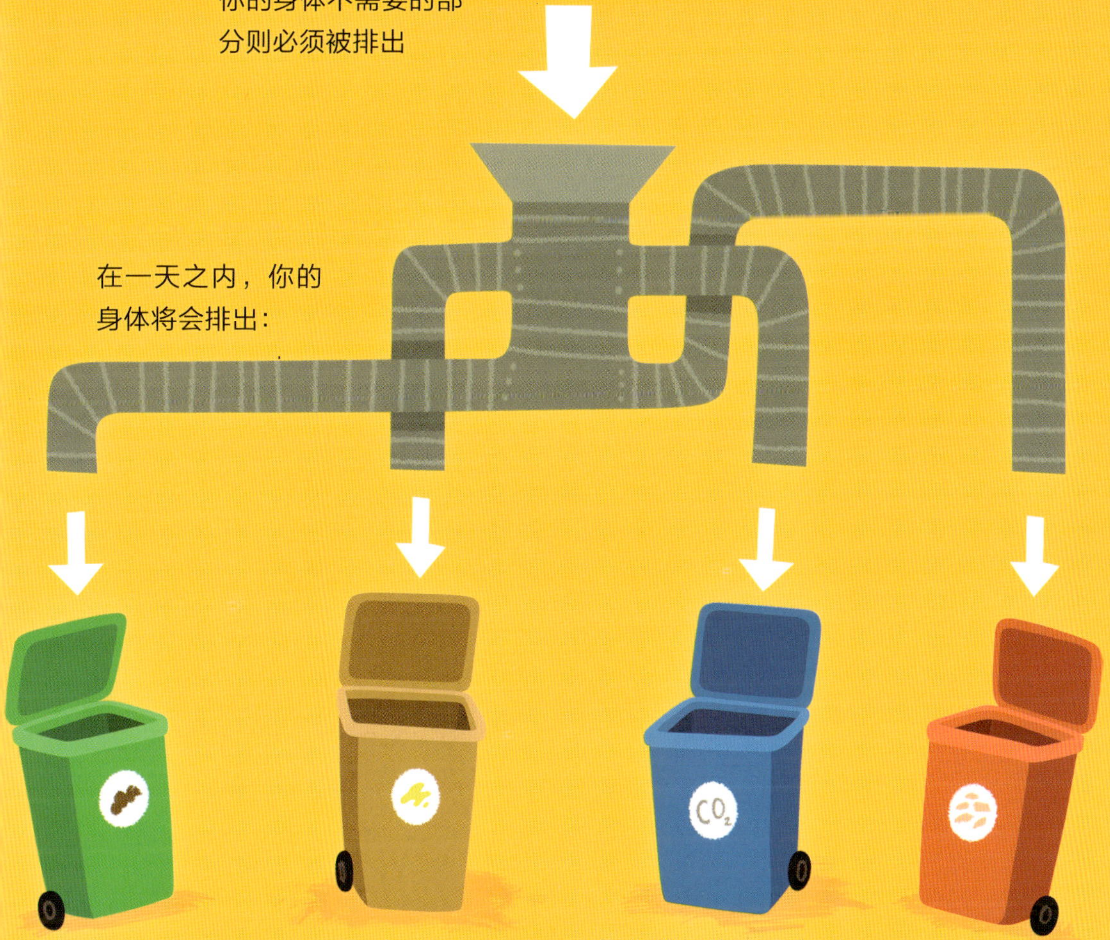

粪便150～250克

尿液1.5升（6～7杯）

二氧化碳气体500升，足够用来吹200个气球

皮肤细胞——每天5亿个

呼吸

30秒大揭秘

整天整夜，不管你是否在有意识地去想，你都在一直呼吸。

呼吸是不由自主的，你不用尝试就能呼吸。不过，当你想控制它的时候你也可以控制它；例如，当你屏住呼吸、说话、唱歌或吹奏乐器时，都可以控制呼吸。

让你进行呼吸的身体系统就叫作呼吸系统，主要的呼吸器官是位于胸腔内的、大大的、像海绵一样的、又湿又软的两片肺。当你吸气时，胸腔的肌肉会使肺部扩张。你的鼻子和嘴吸入空气，然后空气向下被这套系统送到你的气管。

在每一个肺里，空气都会沿着名为支气管的小管子向下流动，进入到约3亿个小袋子——也就是肺泡中。空气中的氧气通过肺泡壁进入周围的毛细血管。然后血液将氧气带走，以供全身细胞使用。

同时，从细胞中收集的废气二氧化碳被血液送到肺泡中，以供呼吸系统将其排出。

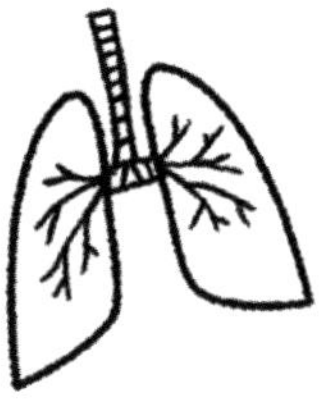

3秒钟总结

肺吸入空气，并利用空气中所含的氧气。

小知识

恺撒的气息

你可能听说过，每次你吸气的时候，你都会吸入一些古罗马伟人——尤利乌斯·恺撒呼出的空气分子。但不仅仅是恺撒——每次你吸气时，你都会吸入过去许多人呼出的空气分子！在大气中飘浮着的无数的空气分子被不断混合，被每一个人吸入和呼出。

你通过肺和胸部肌肉呼吸

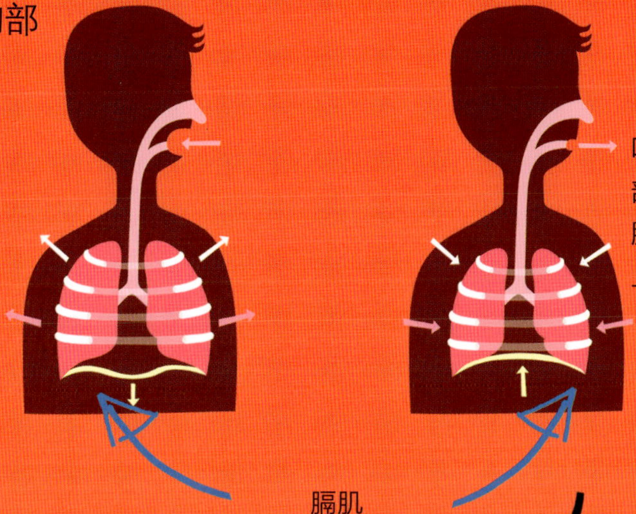

血液

30秒大揭秘

血液是你身体的配送系统。它流过你的全身，造访每一个细胞、组织和器官。血液携带着氧气，这些氧气是从肺部收集来的，并被运送到你所有的细胞中。它也从肠道里吸收食物中的化学物质，并把它们送到全身各处。

血液也能输送其他各种有用的东西。它收集细胞中的废物并将其带走。你服用的一切药物都将进入你的血液，并被携带到需要它们的地方。

血液还传递激素和携带信息的化学物质，它们就这样把信号从一个部位传到另一个部位。例如，当你感到危险时，肾脏附近的腺体会向血液中释放肾上腺素。当肾上腺素到达你的心脏时，它会使你的心跳加快，给你提供额外的能量和速度。

心脏通过一个叫作血管的巨大管道网络把血液泵到全身。血液离开心脏时，它流过大而宽的血管。它们分成越来越小的小管，然后变成微小的毛细血管，到达你所有的细胞。

3秒钟总结

血液在你的身体四处流动，以输送氧气、食物和其他有用的物质。

小知识

关于血的惊人事实

- 一滴血中含有3亿多个血细胞。
- 成人总共大约有5升的血液。
- 每个人有大约100 000千米长的血管！细小的毛细血管占了绝大部分长度。
- 一个血细胞从心脏出发，流过身体，再回到心脏大约需要1分钟。

血液是一种运输系统，能到达你身体的每一个细胞

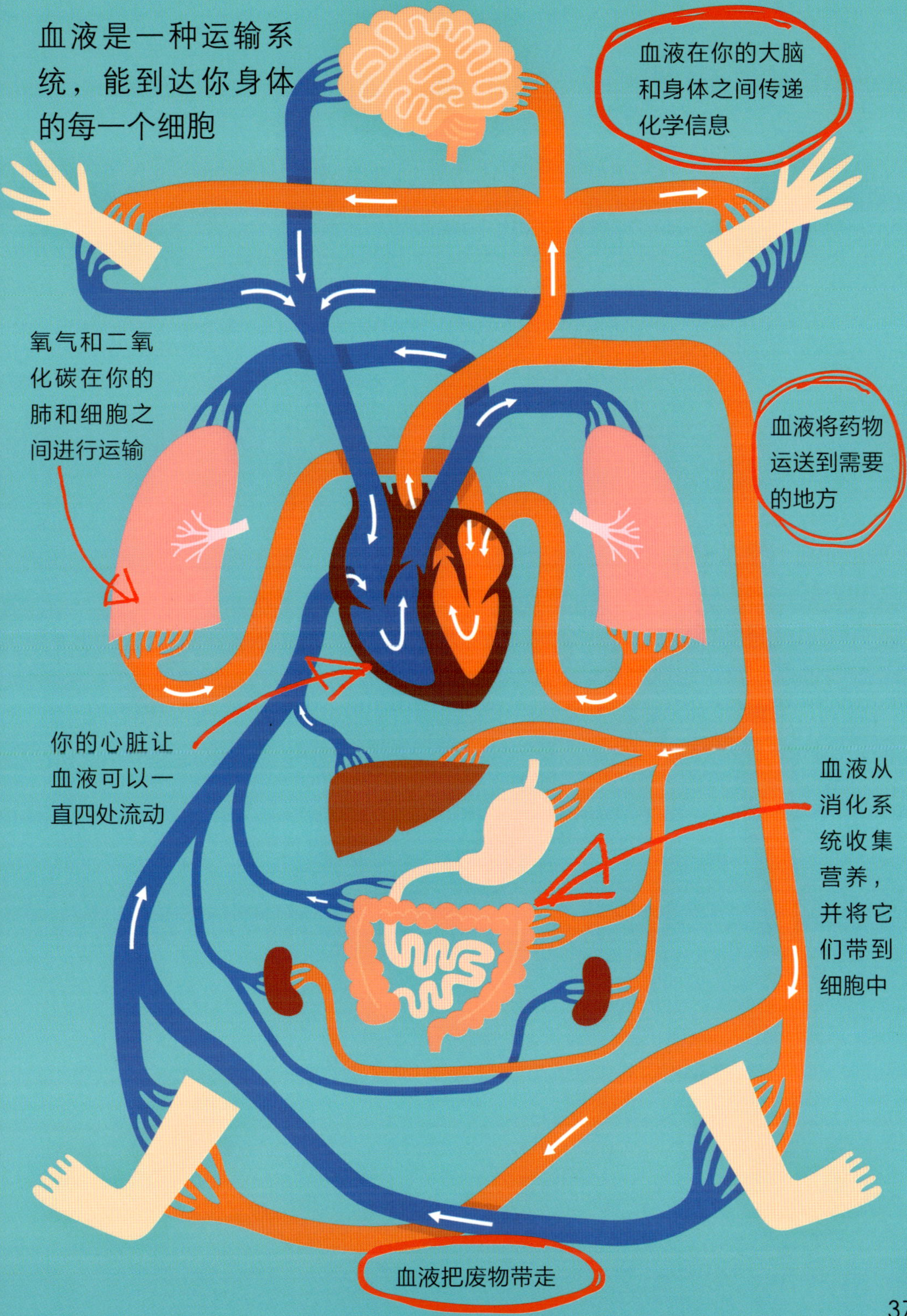

心脏

30秒大揭秘

心脏是人体里工作最辛苦的部位之一。这是一个大约有你拳头大小的肌肉袋，它能通过肌肉的挤压和舒张泵出血液，让其流至全身。

每一分钟里，心脏会挤压（或者说跳动）大约70次，也就是每小时4 200次，一天大约10万次。它从不停止，也从不需要休息。

虽然心脏非常重要，但它实际上是一个简单的器官。它里面有四个空腔或“室”：两个较小的被称为心房，两个较大的是心室。大静脉和大动脉与心脏相连，使心脏与全身的血管网络连到一起。

当心肌舒张时，血液通过与之相连的静脉流入心脏，并填充心室内部。血液只能向一个方向流动，因为心脏有阻止血液倒流的瓣膜。当瓣膜随着心脏跳动而关闭时，会发出“扑通”的声音。

当心肌进行挤压时，血液被泵出并进入动脉，然后通向身体的其他部位。

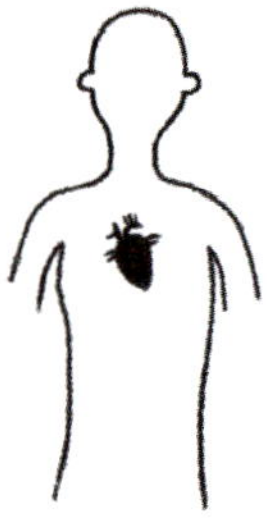

3秒钟总结

心脏每天24小时都在搏动，使血液在体内循环。

3分钟任务

摸一摸你的脉搏

1. 把三根手指放在手腕内侧，大拇指下方的大血管上。你能感觉到你皮肤下的搏动吗？那就是你的脉搏。

2. 用手表或计时器数数一分钟内的搏动数。这个数据就是心脏一分钟跳动的次数，也就是你的心率或脉搏。

心脏舒张时敞开，使血液将其充满，然后再收缩，按照你需要的速度将血液泵至全身

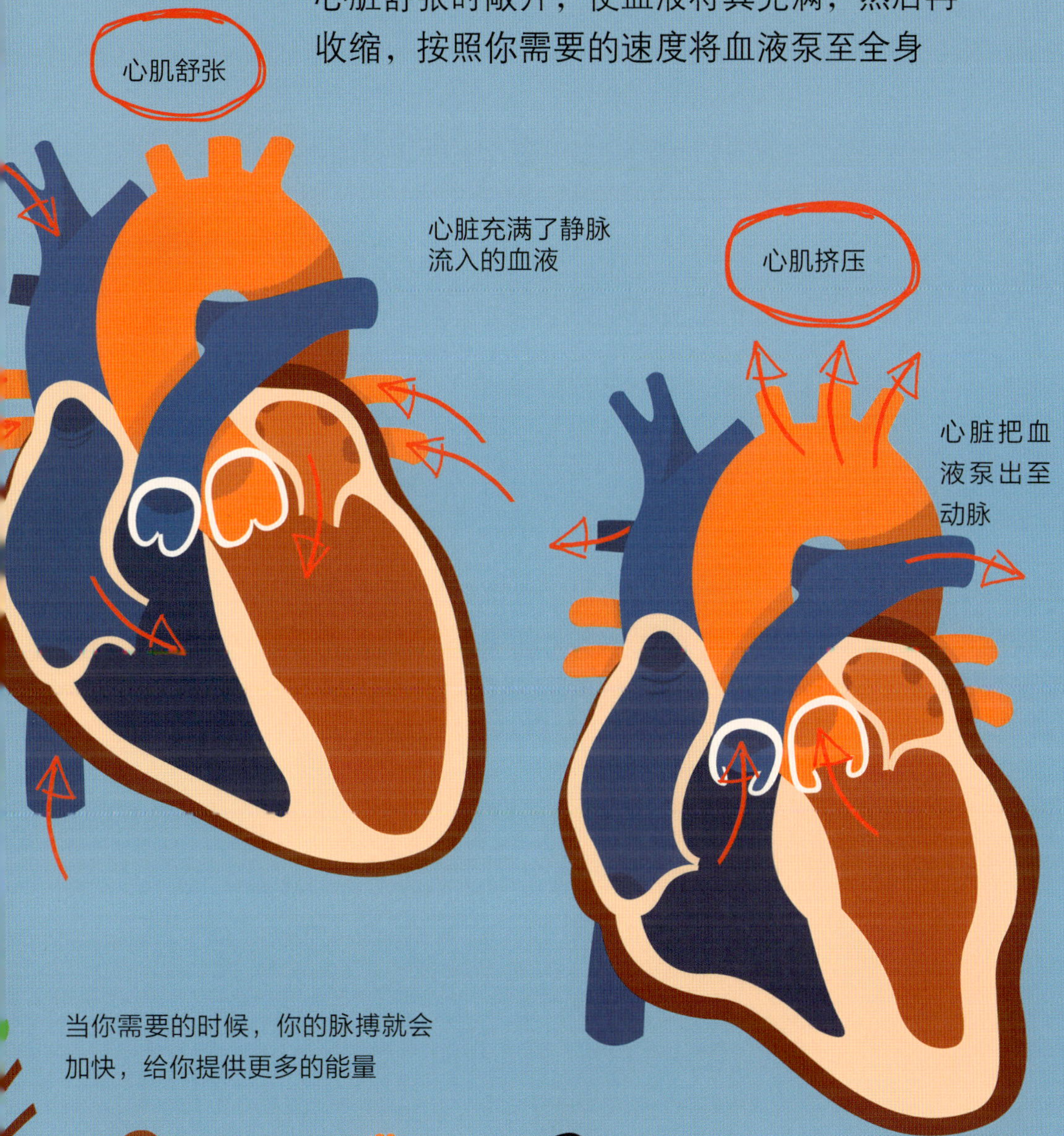

当你需要的时候，你的脉搏就会加快，给你提供更多的能量

免疫

30秒大揭秘

为了防止微生物的入侵和疾病的发生，你体内发生着永不停歇的战斗！参与这一战斗的身体系统叫作免疫系统。它的工作方法有很多种。

作为抵抗细菌的屏障，皮肤有一层酸性表层，能杀死微生物和霉菌。在你的眼睛、鼻孔、耳朵和嘴巴那里，皮肤是存在空隙的。但眼泪、鼻涕、耳垢和唾液中都含有杀菌物质。如果微生物进入伤口，免疫系统就会向受伤区域输送额外的血液。特殊的白细胞可以攻击并打败微生物。

你经常会咽下各种微生物，但唾液和胃酸会杀死它们。但是有些类型的微生物，可以在唾液和胃酸的攻击下存活下来，导致食物中毒。免疫系统通过引起呕吐和腹泻来做出反应并将微生物排出体外。

感冒和流感的病原体通过空气传播。免疫系统包括鼻子、喉咙和肺中的黏液，它们可以捕获病原体。如果病原微生物侵入人体，那么白细胞通常会通过制造一种叫抗体的化学物质来消灭它们。这就是为什么大多数人一生中只会得一次水痘等疾病。

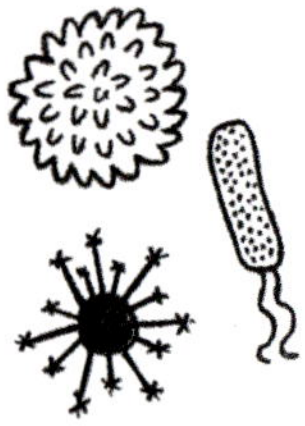

3秒钟总结

免疫系统能抵抗微生物，使你保持健康。

小知识

感觉一下你的淋巴结

小豆子一样的淋巴结是免疫系统的组成部分之一。和脾一样，它们还能通过过滤体液来捕捉病菌。这就是为什么如果你生病了，你的淋巴结会肿胀并感到疼痛，因为它们必须要捕捉更多的微生物。有时你可以感觉到在颈部或腋下的淋巴结。

这些微生物都想进入你的身体，但是你的免疫系统有很多方法来阻止它们

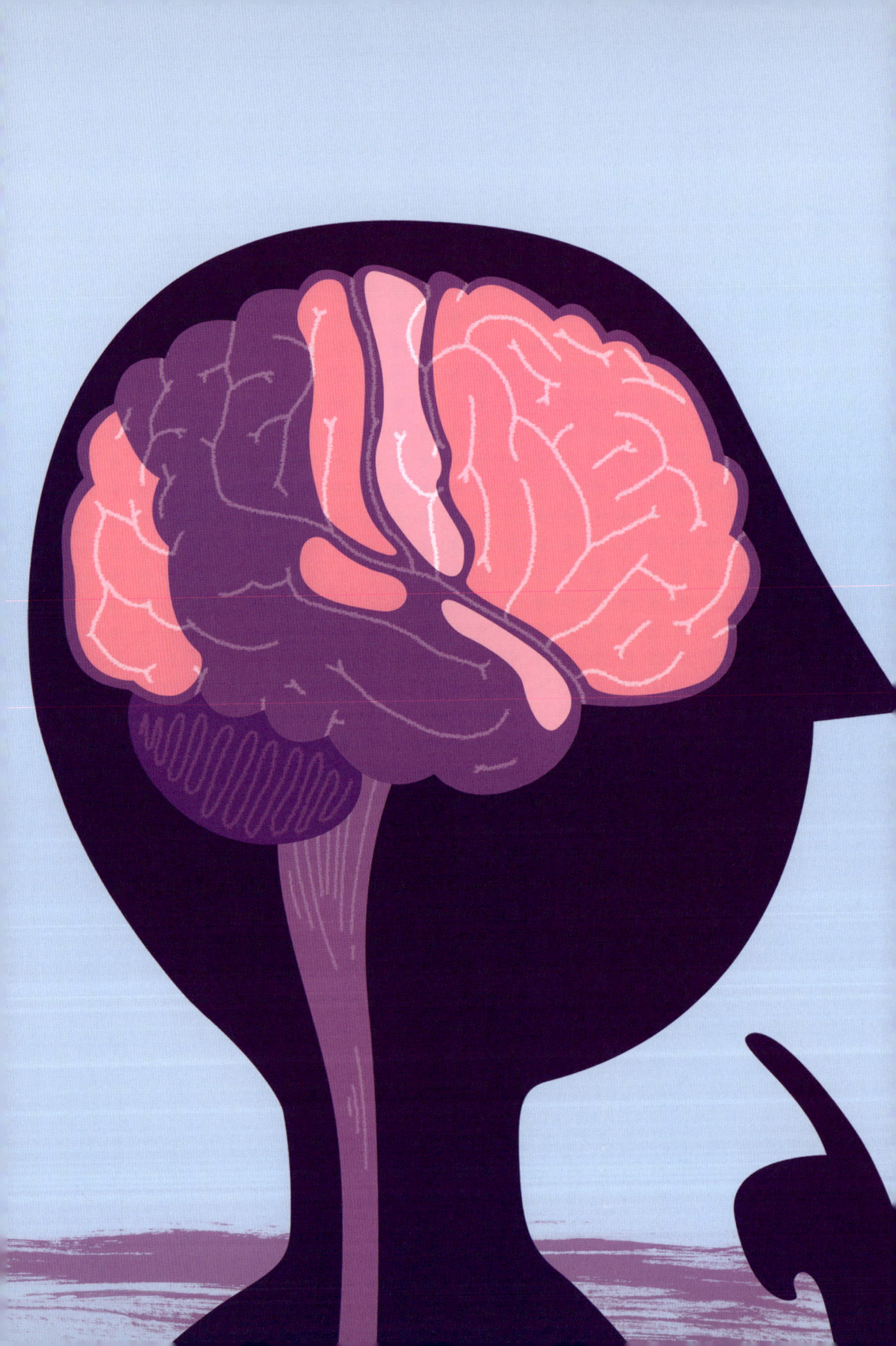

大脑与神经

你是怎么知道这一页的词语是什么意思的？你是如何理解事物、思考世界和做决定的？这都要归功于你聪明的大脑。除了思考、学习和记忆之外，它还负责管理身体各系统的运行、处理感觉信号和控制我们的肌肉。你的大脑与神经（神经系统将脑和身体的其他部分联系到一起）始终掌握着身体的控制权。

大脑

30秒大揭秘

大脑是最重要的器官。这是一台能控制你身体的活电脑。它从你的感觉中收集信号，使你感受到周围发生的事情，它还控制着你所有的动作。它一直跟踪着器官的工作状态。它会学习、思考、记忆和决策。你的大脑也是你意志（你的个性、想法和感受）的所在之地。

看上去，大脑就像是一个湿滑粉嫩的大个儿核桃。脑的外部由大脑皮层组成，这里发生的是思考和理解的过程。如果你把大脑皮层摊平，它将会和一个枕套一样大。但是它形成了许多皱褶和沟回，所以它可以放在你的头里面。

大脑被分成两半。它们在大多数地方是互相分开的，但有一束叫作胼胝体的神经将它们连接在一起。大脑的后部是小脑，小脑是一个独立的微型中枢，它控制着你的运动和平衡。

在大脑的中部是边缘系统，这是大脑中处理记忆、恐惧、兴奋和睡眠的部分。

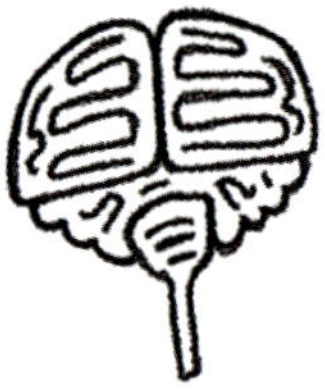

3秒钟总结

大脑是一个复杂的器官，控制着身体的其他部分。

3分钟任务

测试你的优势侧

大多数人都有大脑的优势侧，这就影响了他们喜欢使用身体的哪一侧。试试这些活动——你会不自觉地使用身体的哪一侧？现在试试另一侧！

- 手握剪刀
- 投球或接球
- 触摸鼻子
- 单腿支撑保持平衡
- 踢皮球

大脑包括不同的功能区域，它们每天都做着不同的工作……

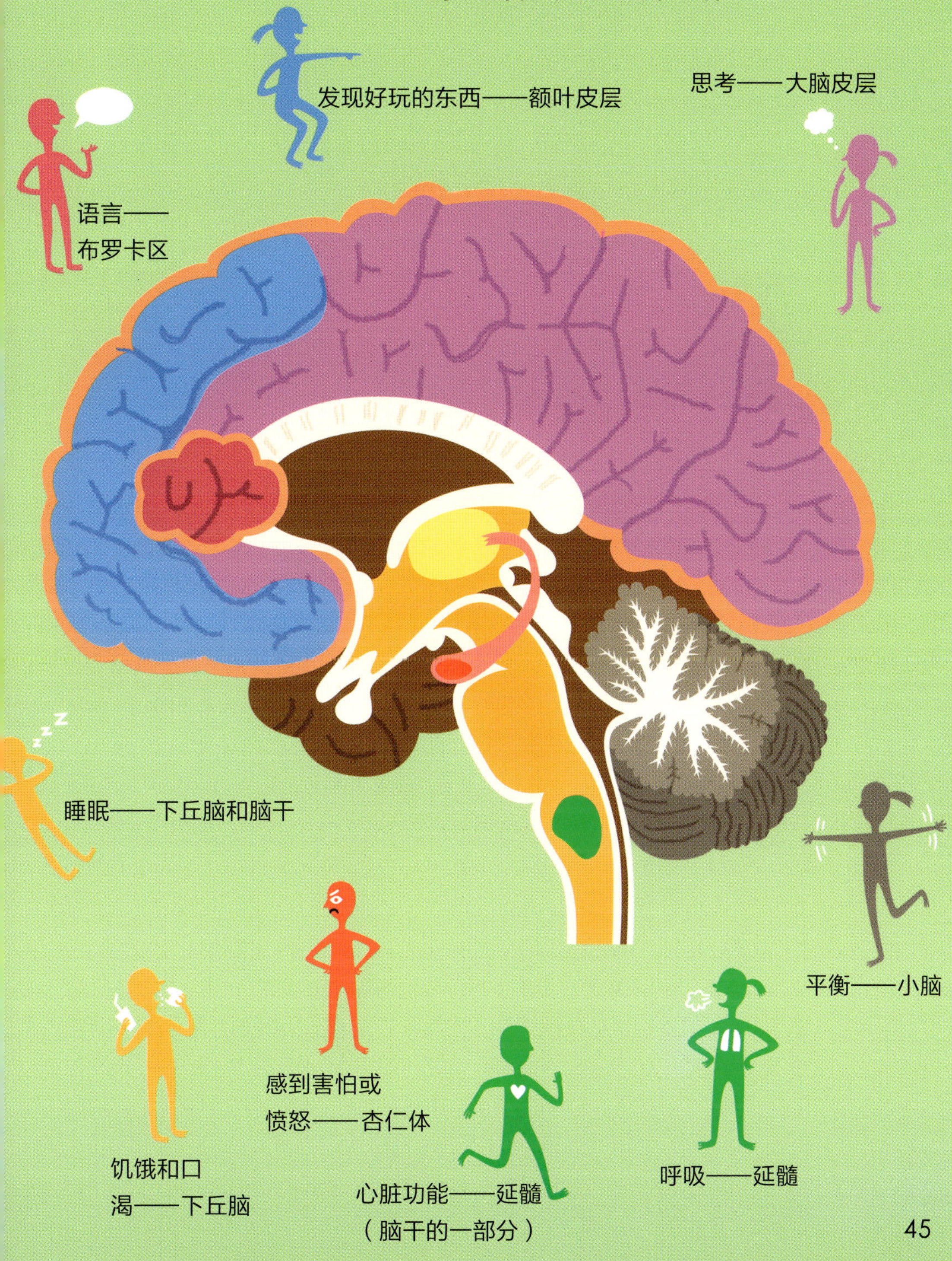

思维

30秒大揭秘

仔细想想，思考是一种惊人的能力。你可以想象一只大象在吃生日蛋糕时骑着自行车，即使你从未见过这种场景！你可以去回想你最早的记忆，你房间的布局，或者你的假期计划。你可以解一道数学题，编一个故事，或者记住你曾经做过的梦。这些东西是怎么在你的大脑里“发生”的呢？

大脑的主要思考部分，即大脑皮层，由数十亿个神经元或神经细胞组成。每个神经元就像一棵树，有许多细小的分支。这些分支向外伸出并与其他的神经元相连。在连接处，它们的间距很小，几乎都要碰到一起，只留下一个微小的缝隙。

通过在这些缝隙中传递化学物质，神经元以闪电般的速度向彼此传递信号。这些信号都会流向你的大脑，或者从大脑中向外扩散，这一过程经过的是由相连的神经元组成的通路。不同的思维、想法和决定走过的路径也不同，它们各自穿过不同的皮层。当你学习和记住新的东西时，你会长出更多的神经元分支和更多的连接。

3秒钟总结

当大脑中的信号沿着通路上升时，就发生了思考过程。

3分钟任务

记忆测试

你需要：10个小物件、1块布和1个托盘或小桌子

把物品放在托盘或桌子上，让朋友看30秒钟。然后用布把它们盖好，让你的朋友把他们能记得的所有东西写下来。试试不同年龄段的朋友和家人，看看谁做得最好！

大脑皮层包含几个不同的部分来处理各种各样的信息

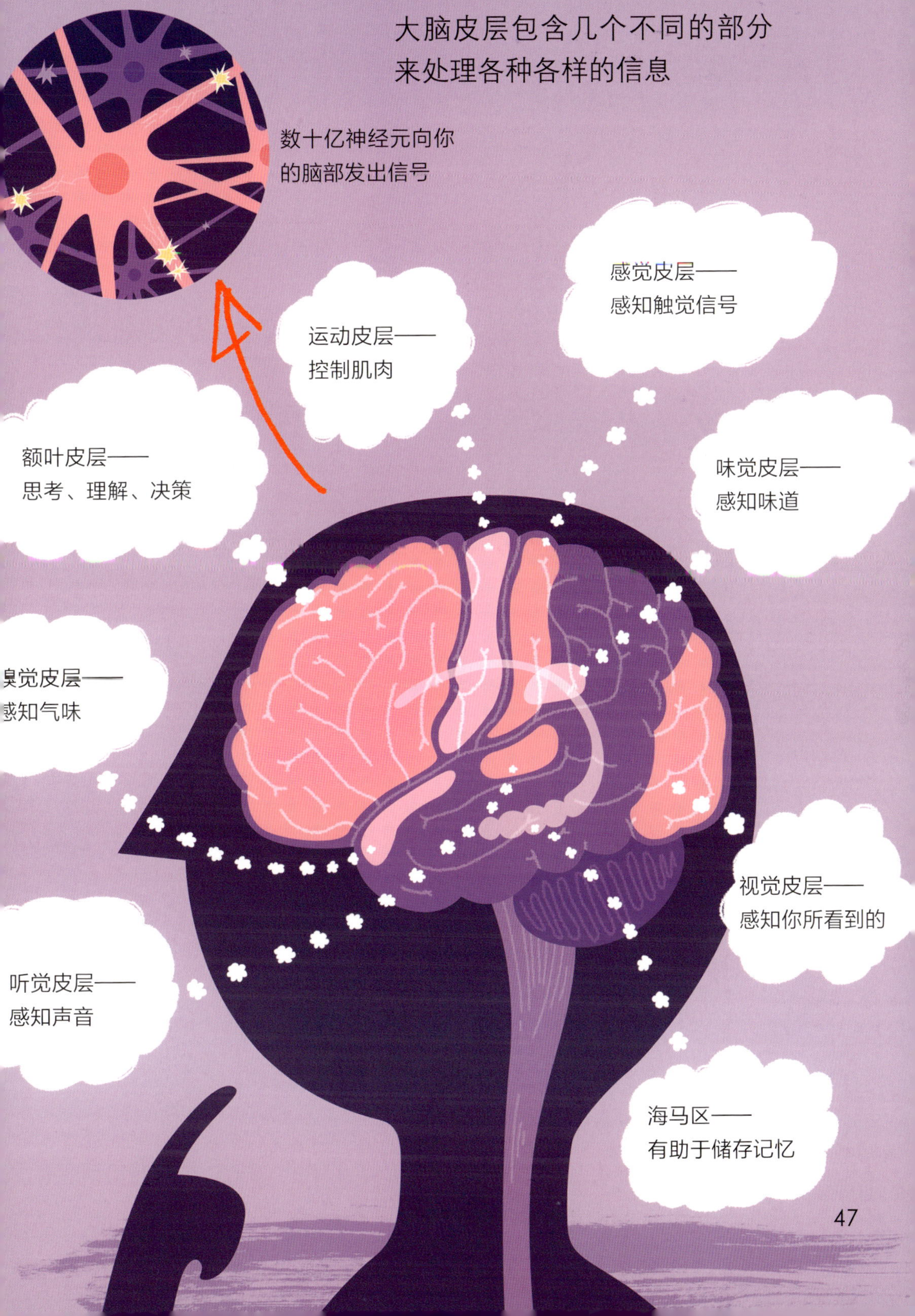

神经

30秒大揭秘

要做好自己的工作，就必须把脑与每一个身体部位相连。负责这项工作的系统叫作神经系统。它包括脑和一个巨大的神经网络，后者遍布全身，由一束束的神经元组成。

脑干作为脑部的最底层，它与脊髓相连，脊髓是一条沿着背部向下延伸的主要的神经通路。它位于脊柱的椎骨内，后者可以保护脊髓免受损伤。

神经从脊髓中分出来，一路通往你的胳膊和腿，最终连接到手指和脚趾。还有更多的神经连接到全身各处的器官、皮肤、骨骼和肌肉。有些神经收集感官信号并把它们传递到大脑，另一些则将信号从大脑传递到肌肉和其他身体部位，使之发挥作用。

连接身体最遥远部位的神经元是体内最长的细胞。对于一个高大的人来说，从脊髓延伸到大脚趾的神经元可以超过1米长！然而，这个细胞非常细，肉眼几乎是看不见的。

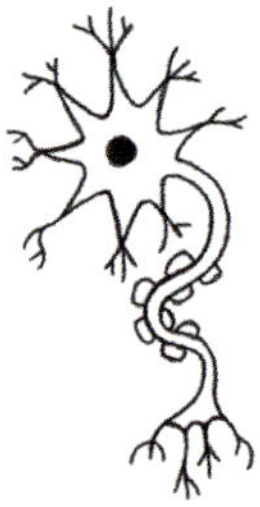

小知识

脊髓损伤

如果脊髓受损，例如背部或颈部受伤，损伤就会阻止信号通过。所以在事故发生后，受伤者脊髓的受损部位以下（比如腰部以下）可能会瘫痪。目前，科学家们正在研究如何重新连接受损的脊髓神经。

3秒钟总结

神经网络把大脑与身体的其他部位连接起来。

神经系统就像一张连接全国各地的路网

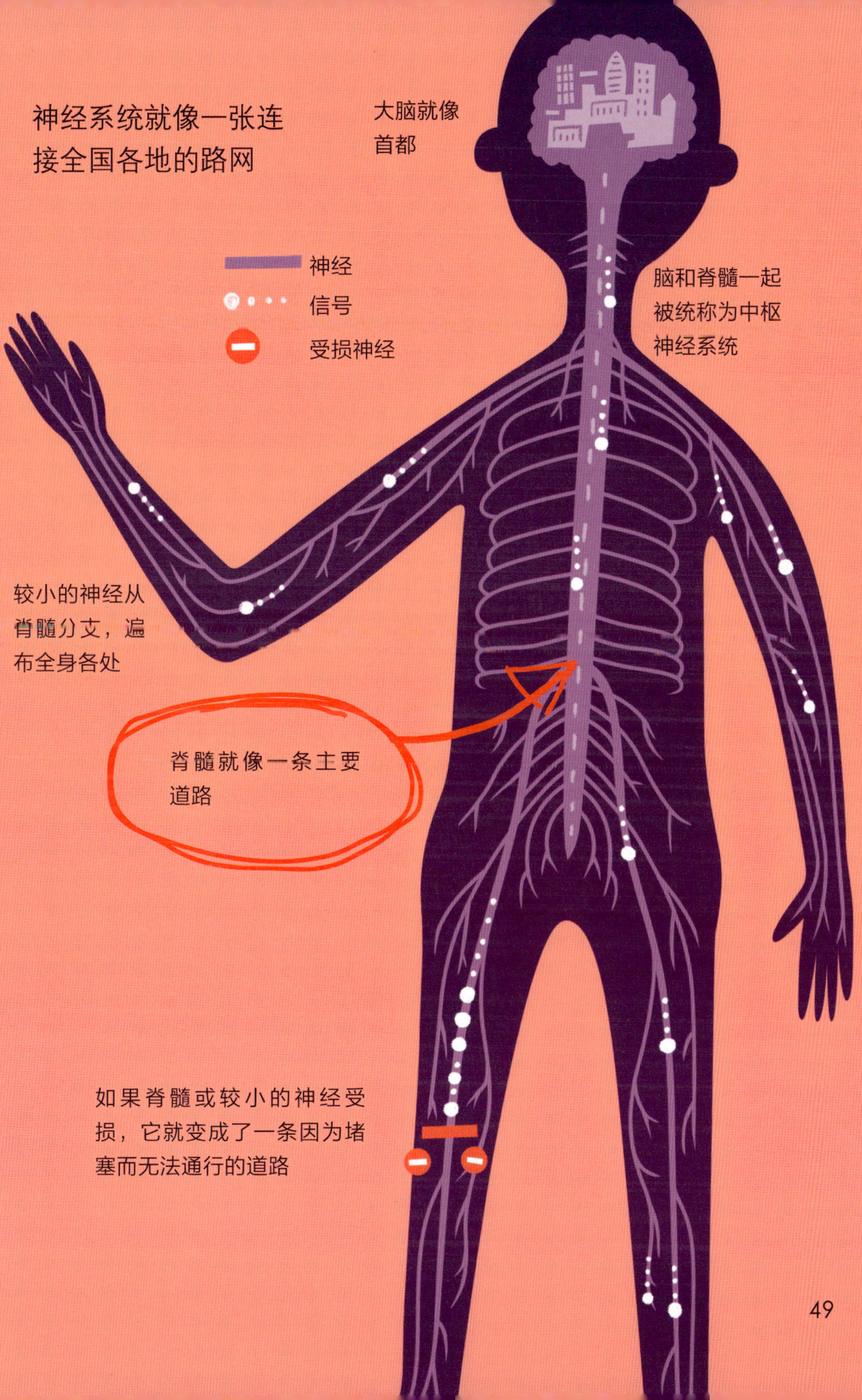

信号

30秒大揭秘

你的神经系统在不断地处理成千上万个信号。神经即时地从所有的感官收集信息，然后不断地给大脑发送信息流。大脑会处理这些信号，找出每个信号的含义，并决定采取什么行动。与此同时，它还发出大量的信号来控制你身体的各个部位。

因为大脑的功能十分复杂，所以它可以同时处理所有这些不同的工作。事实上，专家认为正常的大脑每秒钟能进行多达100万亿次运算！

这些信息和运算发生得都太快了，所以我们不会刻意地去想它。即使你只是站着不动，你的身体也在不断地给你的大脑发送信号，告知你所处的位置和任何可以影响到身体的事情，例如一阵风或手持的重物。作为回应，大脑会一直对你的肌肉做出微调，使你保持直立。

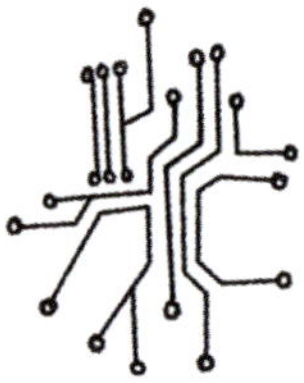

3秒钟总结

数以亿计的信号不断地在你的身体和大脑中活动。

小知识

联觉

联觉，这个词的意思是“共同感受”，是一种奇怪的脑部状况，这种现象会影响约2%的人。如果你有联觉，你的感觉会混淆在一起。例如，声音似乎有颜色，或者味道似乎有形状。对于一些有联觉的人，数字、字母和星期可能会有颜色，甚至有一定的性格。联觉是由于神经系统各部分之间的信号连接不正常造成的。

大脑就像电脑芯片一样通过处理信息与发送信号实现功能

感觉

想象一下没有感觉——视觉、听觉、味觉、嗅觉和触觉——的日子，这样的生活简直无法想象！你的感官告诉你正在发生的事情，并向你的大脑发送信息。它们让你与这个世界保持着联系，让你可以学习和体验各种各样的事情，也能储存记忆供日后回忆。每天，你都用它们帮助你找到方向、发现危险、和其他人打交道、处理目标和任务。

视觉

30秒大揭秘

视觉是我们最有用的感觉之一。它可以通过感知来自物体的光线，让我们在瞬间察觉到周围的一切。

每个眼球都能收集来自物体的光线。光线穿过眼球前部的一个透明窗口——角膜，进入它中间的一个小黑洞——瞳孔。然后它们穿过透明的晶状体。晶状体能折射和聚焦光线，使它们在视网膜上形成清晰的图像，视网膜是眼球后部感光细胞所在的区域。

光是沿直线传播的，光线进入眼睛时相互交叉，最终照射到相反的位置。因此，呈现在视网膜上的图像是上下、前后颠倒的。

视网膜上数以百万计的细胞会检测照在它们身上的光，沿着视神经向大脑发送信号。大脑把图像变为正确的方向，并理解看到的东西。

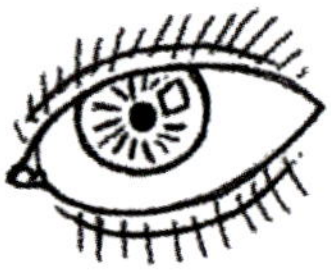

3分钟任务

哄骗你的大脑！

大脑有时会出错。用这个幻象来对自己做一个小测试：这两个桌面的长度是不同的，还是相同的？

（答案在第78页）

3秒钟总结

眼睛收集光，感知它发出的模式并向大脑发送信号。

眼睛帮助你快速了解周围发生的事情

听觉

30秒大揭秘

在你脑袋的两侧伸出来两片卷曲的构造，你可能把它叫作耳朵。但是耳朵并不只有这两块东西！它们实际上还可以延伸到大脑深处。

耳朵的工作是收集空气中的声音。我们被声音包围。物体的移动和刮擦、音乐、人们的谈话都会使空气中的分子产生振动。这些振动在空气中传播开来。如果它们到了你的耳朵，就会引起一系列连锁反应。

首先，你的外耳（那个向外的伸出部分）采集振动并将它们引入耳道，或耳孔。当它们碰到绷紧的耳膜时，后者就会振动。振动通过耳朵内部的三块细小的骨头来传递，进入一个蜗形的、充满液体的小室，这个地方被称为耳蜗。耳蜗含有细小的纤毛，能接收振动并向大脑发出信号。

大脑会接收到不同的信号模式，这些信号代表声音振动中不同的速度和强度。通过将它们与记忆进行比较，大脑就可以理解你听到的声音——汽车喇叭，你喜欢的歌曲，或是朋友在喊你的名字。

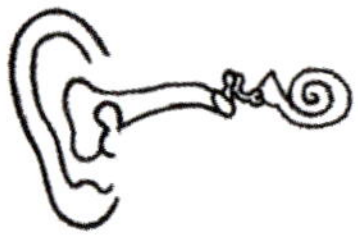

3分钟任务

制作耳膜

你需要：保鲜膜、碗、生米或砂糖、锅盖和一个木勺子

1. 将保鲜膜铺平，紧绷在碗的表面。在保鲜膜上放几粒大米或糖。

2. 在保鲜膜附近发出较大的声响（但不要碰到它），比如说可以用勺子敲打锅盖。声音可以使保鲜膜做成的耳膜发生振动，你会看到大米和糖跳了起来。这就是耳膜受到声音冲击时的振动方式。

3秒钟总结

耳朵从空气中收集声音并向大脑发送信号。

空气中声音的振动是怎样进入大脑的？按照步骤找出答案

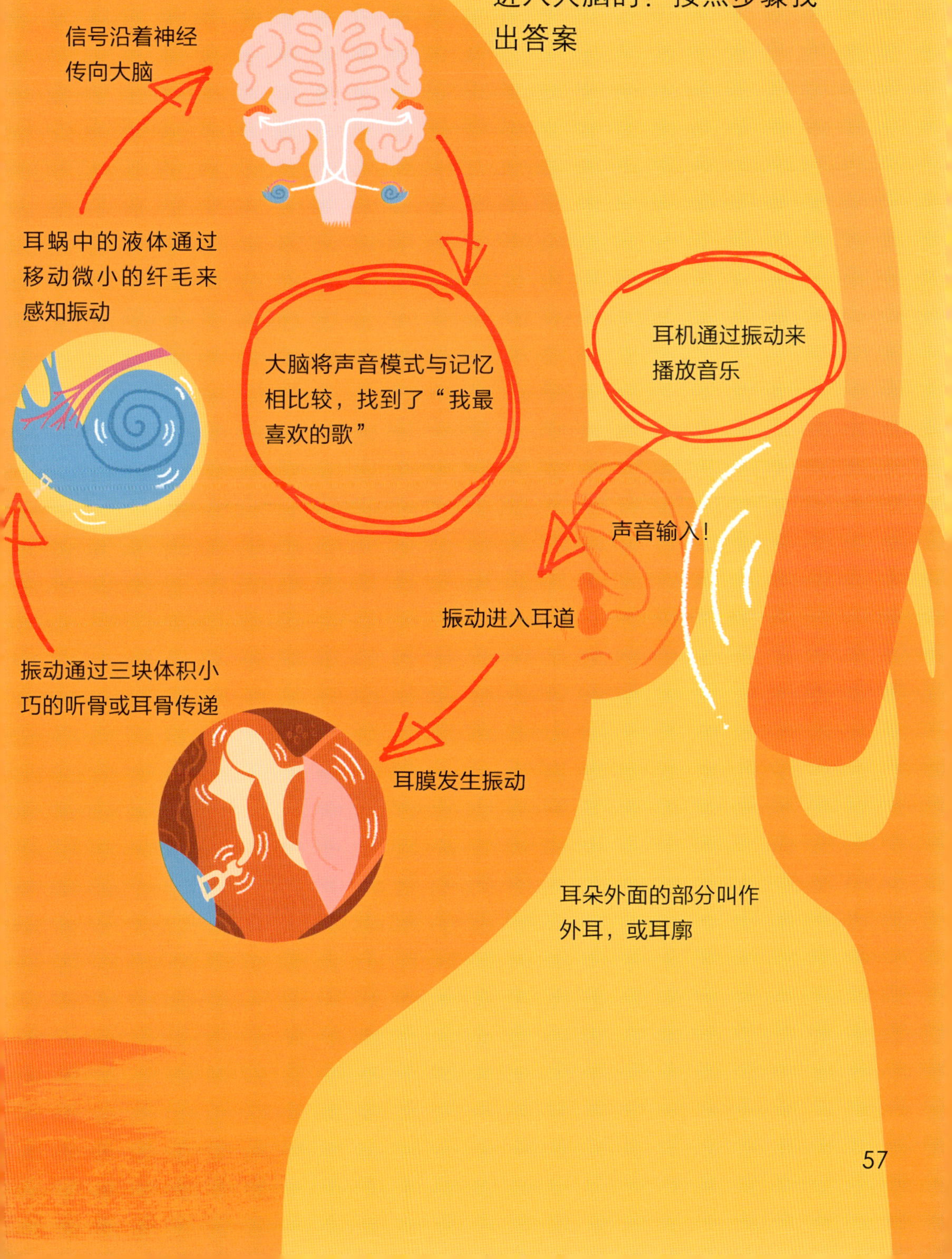

嗅觉

30秒大揭秘

如果你的鼻子功能良好，你可以分辨最多1万亿种不同的气味！但是你的鼻子和大脑检测气味的部分都很小。那你是怎么做到的呢？

气味的形成是因为微小的分子脱离大多数物质而飘浮到空气中。无论这“大多数物质”是刚出炉的面包、热咖啡、洗干净或者满是臭味的垃圾桶，你都能闻到，因为有少量有气味的物质会飘浮到你的鼻子里！

在你鼻子内的高处有一种特殊的气味检测细胞（就是嗅细胞）。不同类型的细胞可以探测到不同类型的分子。通常，一种气味含有多种混杂在一起的物质，它们会触发几种不同的嗅细胞。细胞将信号发送到大脑，大脑通过将信号和之前的气味库做比较，来判断这种气味是什么。

有些东西，比如金币，就什么气味也没有。这是为什么呢？因为有些物质，比如金，是非常稳定的。这意味着金的分子不会轻易地脱落，所以就没有什么气味会传到你的鼻子里。

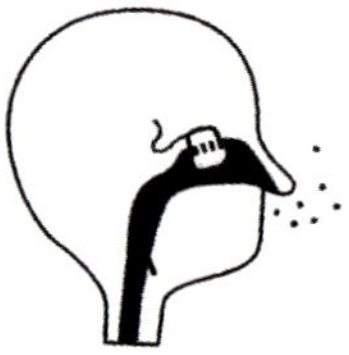

3秒钟总结

鼻子内的嗅细胞能探测到你周围的微小物质颗粒。

3分钟任务

气味和感觉

请回答这些问题：

- 哪种气味让你想起小时候？
- 哪种气味让你想起一个美好的假期？
- 特别难闻的味道给你怎样的感觉？

你的嗅觉与大脑中处理情绪和记忆的部分密切相关。这也许就是为什么气味能让人回忆起很久以前的记忆，或者产生强烈的情感。

当飘浮在空气中的分子被鼻子捕捉到时，你的嗅觉就会被触发

味觉

30秒大揭秘

味觉是使食物如此令人愉悦的原因之一。你的舌头用一种叫味蕾的感知器官来品尝东西。

把你的舌头伸出来，对着镜子看看它，你会发现它上面到处都是小突起。然而，这些小突起并不是味蕾，它们被称为乳突。味蕾本身比乳突小得多，它们分布在乳突周围的小间隙内。

当你咀嚼食物时，你的口腔会分泌唾液，这会将少量的食物冲刷到乳突周围的空隙中，这时食物就与味蕾接触。每一个味蕾含有大约50个味觉感受细胞，它们可以感受到几种不同的基础味道：咸、甜、酸、苦、鲜。它们向大脑发送信号，大脑解读出信号组合的含义，以及它代表的味道是什么。

你的嗅觉对于品尝食物也是很重要的。食物的香味飘到你的鼻子里，这给你提供了很多信息。这就是得了重感冒和鼻塞会让人味觉异常的原因。

3秒钟总结

你尝味道时用到了舌头，还有鼻子！

3分钟任务

味觉测试

你需要：一小块苹果、一小块圆白菜、一小块胡萝卜和眼罩

没有了鼻子你能尝到什么味道？给朋友或家人戴上眼罩，并让他们用手捏住鼻子。然后让他们尝尝你准备的三种食物。他们能分辨出来彼此的区别吗？让他们松开手后再试一次。

我们有2 000个到10 000个味蕾，它们可以让我们尝出食品中的甜、酸、咸、苦和鲜味

酸

甜

舌头上的味蕾可以让我们分辨出五种不同的味道

苦

咸

鲜

当你20岁的时候，你会丢失掉一半的味蕾

老年人通常喜欢特别咸或甜的食物，因为这些味道更容易被品尝出来

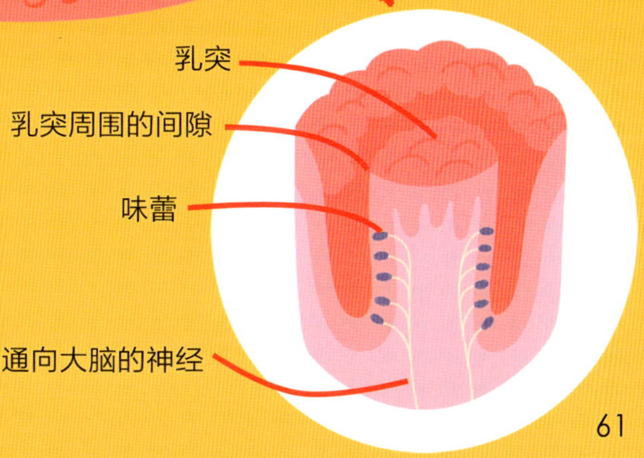

你的鼻子也通过探测食物的气味来帮助你品尝味道

触觉

30秒大揭秘

虽然你的视觉、听觉、味觉和嗅觉都发生在大脑里，但你的触觉却遍布全身。

在你的皮肤表面下，以及体内的许多部位和器官的内部，都有数以百万计的触觉感受器（它们大多数是某个神经细胞的末梢），它们与通往大脑的神经相连。当某种东西触发触觉感受器时，它会向你的脑部发出一个信号，告诉你感觉到了什么。

你可能不认为触摸是一种非常重要的感觉，但实际上它是至关重要的。它帮助我们四处移动、拿住东西、在键盘上打字、穿衣服。想象一下，你感觉不到地板上的脚，感觉不到淋浴或拥抱会是怎样的感受！但最重要的是，触摸可以警告我们哪里有危险。疼痛固然不好，但它却很有用——它可以让你知道你有一个伤口，或脚踝发生了扭伤，或有东西烧到你了，这样你就可以采取行动。

有以下几种不同类型的触觉感受器：

- 压力——探测压力、振动和质感。
- 疼痛——当你的皮肤受到伤害时告诉大脑。
- 温度——检测热、冷和温度变化。

3秒钟总结

你身体的触觉感受器检测压力、疼痛与温度高低。

3分钟任务

舌头的把戏！

垂直握住叉子，并用叉子齿按压你的舌尖。大多数人感觉叉子变弯了，尽管事实上并没有。和其他感官一样，你的大脑对你能感觉到的东西做出假设。它知道你的舌尖是圆形的，如果你的舌头能感觉到四个物体，大脑就认为它们一定是弯曲的。

你全身有几种不同的触觉感受器，它们相互配合将感受到的信息反馈给你

你身体的某些部位，比如你的指尖、嘴唇和舌头，都有排列紧密的触觉感受器，而且它们非常敏感

其他的地方，比如你背部的中央，感受器就少得多

我在哪里

30秒大揭秘

你可能不会刻意去想，但在任何时候，你的大脑都知道身体所处的位置。这都多亏了一种特殊的触觉——本体感觉。

本体感觉可以帮助你的大脑控制你的动作。你所有的日常活动都需要它，如散步、跑步、接球和在床上翻身。你的大脑能向你的身体指示下一步该做什么，因为它知道你身体各个部位所处的位置。

本体感觉通过使用肌肉和关节中的感受器来运作。它们不断向脑部发出信号，报告身体各个部位所处的位置，以及它们运动的速度。

与此同时，耳朵中靠近耳蜗的一个被称为半规管的部位，可以帮助你保持平衡。半规管中充满了黏稠的液体，当你转身、弯腰或倒立时，这些液体就会产生涡流。

3秒钟总结

本体感觉和平衡帮助你的大脑控制身体的动作。

3分钟任务

测试你的身体

试试这些关于平衡和本体感觉的测试。

- 闭上眼睛，双臂向身体两侧伸展。然后试着把两根食指放在你的鼻尖上。
- 找到地板上的一条线，如木板间的缝隙。沿着它向前走，走的时候把一只脚紧贴在另一只脚的前面。你能在不偏离线条方向的情况下走多快?
- 把一只脚从地上抬起来，然后闭上眼睛。你能像这样保持平衡多久?

当你运动的时候，你的大脑必须追踪你的轨迹以防摔倒

身体倒立。相应地做出调整动作

你耳朵里的探测系统告诉你，如果你正在失去平衡，那么可以迅速改变体位位置

脚伸出来——不要撞到它们

平衡——左一右一左，多一点

计算身体的运动——就要翻倒了！去抓另一个把手

旋转会使你感到头晕，因为半规管中的液体会在你停止旋转后持续运动一段时间

神奇的人体

你的身体不是一成不变的——它也在变化。当你从一个婴儿成长为一个成年人时，它变得越来越大。然后，它准备做一些更令人惊奇的事情：复制自己，或者换句话说，生孩子。身体细胞中的DNA决定了人体生长和变化的方式，也可以把它的特点传递给新生的生命。

生殖

30秒大揭秘

生殖意味着复制自己，所有生物都可以复制自己。对于包括人类在内的动物来说，这意味着要生孩子。

令人惊奇的是，我们的身体居然能制造出全新的、复杂的、完整的生命。我们中的任何一个人，都是从我们母亲身体中的一个细胞和父亲身体中的一个细胞开始孕育出来的。这两个细胞结合形成一个新的细胞，并成长为一个人。

孕育婴儿的特殊细胞被称为生殖细胞，它们是由生殖系统制造的。男人和女人有不同的生殖系统。

男性的睾丸中产生精子，女性则有释放雌性生殖细胞或称卵细胞的卵巢。当卵细胞和精子结合后，新的细胞就会移到子宫里，在那里成长为胎儿。婴儿在出生前会在妈妈的子宫内生长9个月。

3秒钟总结

要生宝宝，男性和女性的生殖细胞就要结合在一起。

小知识

体外受精

生殖细胞不必非得在女性的体内相结合——科学家发现，他们可以采集卵细胞和精子，并让它们在一个容器中结合。这就是所谓的体外受精。新的细胞可以植入女性的子宫里生长。医生有时会用这种方法帮助人们怀孕。

每个人都是由男女体内的生殖细胞结合而成的

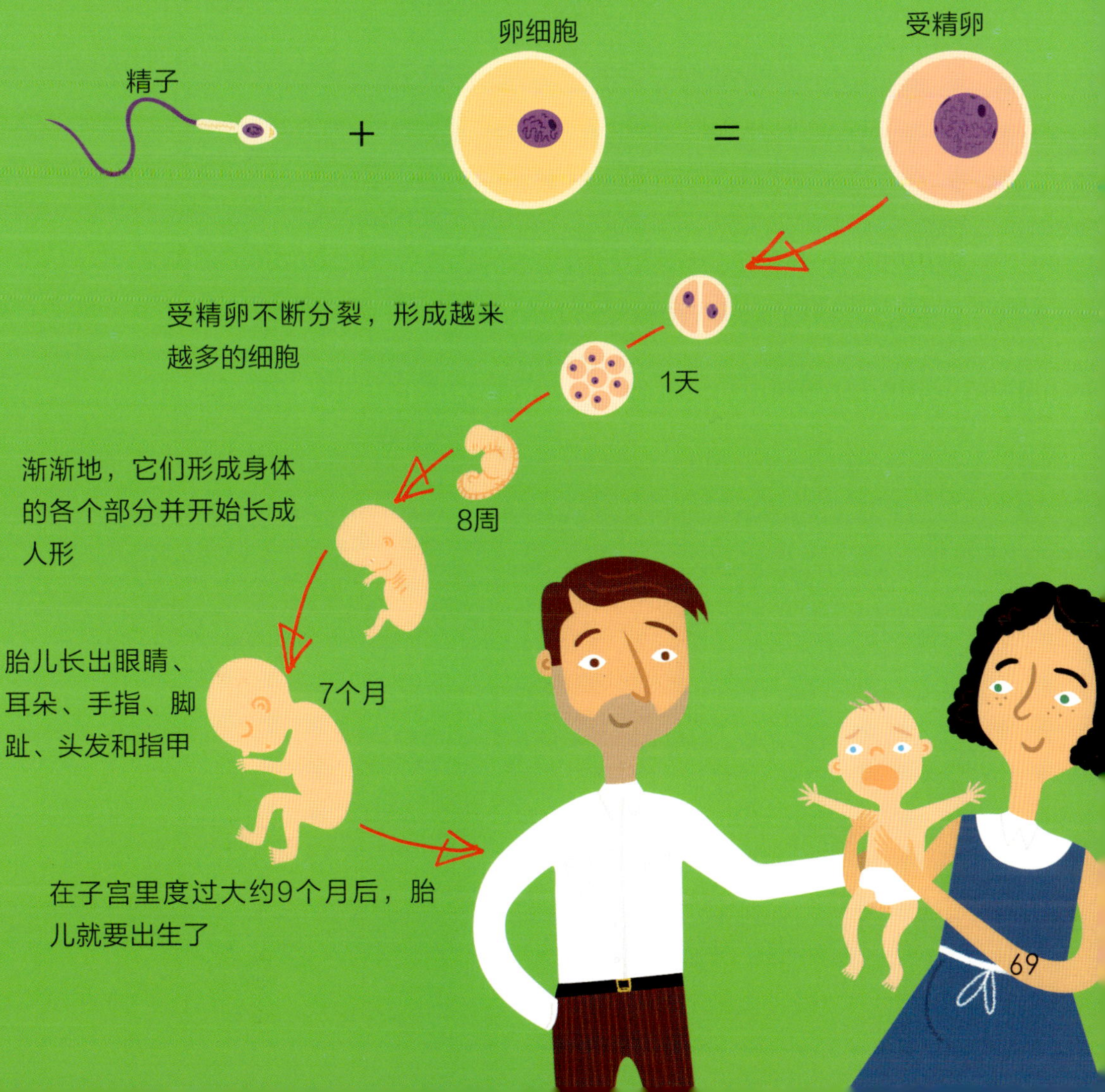

成长

30秒大揭秘

当然，胎儿出生后，成长也不会停止——这只是开始！

在所有的动物中，人类成年的速度是比较慢的。人类是有智慧的，我们做的很多事情都基于学习。学习必备知识需要花费我们很长的时间。

出生后的第一年内，婴儿学会处理所有来自感官的不同信息，以及控制自己的身体。从大约12月龄开始，婴儿就开始学习走路和说话了。

随着骨骼的发育，孩子们长高了。上肢与下肢骨骼有特殊的生长板，它们可以长出新骨。其他的骨骼，比如颅骨，是通过吸收旧骨形成新骨来生长的。在大约5岁的时候，乳牙开始脱落，被完整尺寸的恒牙取代。

从11岁到18岁，人类会经历青春期。他们开始向一个成年人的身体生长发育。当你十几岁的时候，你的大脑也会发生很大的变化——它的神经元通路变得更加固定，变成成人的模式。

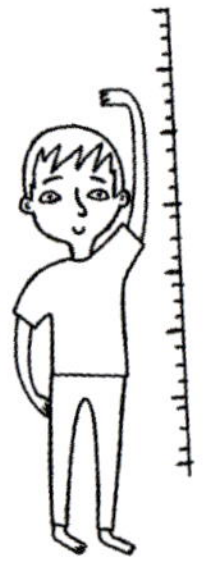

3分钟任务

生长需要多长时间？

人类需要大约20年才能长成成人。请把下列动物与动物成年所需要的时间相匹配。

蜜蜂	3年
宽吻海豚	5年
巨龟	14年
金鹰	25年
蜻蜓	21天

（答案在第78页）

3秒钟总结

人类至少需要20年才能成年。

随着成长，你的身体会发生很大的变化，随着骨骼变长，你会越长越高

在长骨（比如下肢骨骼）中，生长板形成新骨后，会使原来的骨骼变得越来越长

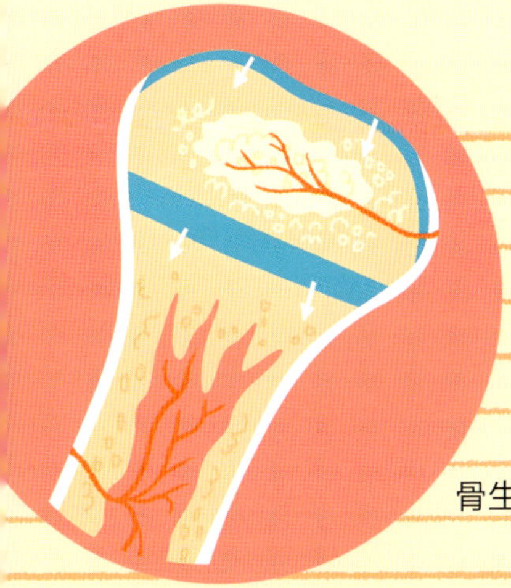

年龄：3岁
身高：104厘米
你大概有成年身高的60%

年龄：7岁
身高：130厘米
你的四肢更长了，你的头高在身高中的占比更少

年龄：15岁
身高：170厘米
你将接近你的成年高度，你的身体会变得更强壮，也会更高

衰老

30秒大揭秘

你经常能大致猜到某人的年龄。这是因为随着年龄的增长，我们的身体也会改变。

这种情况的发生是因为我们的细胞不能一直存活下去并自行进行更新。慢慢地，一些细胞开始脱落或停止工作。例如，当我们失去产生发色的毛根细胞时，头发就会变得灰白。有时，毛囊也会停止工作，这会使人秃顶。关节会磨损，功能也会减退，骨骼和肌肉就变得更薄。

皱纹的出现是因为随着年龄的增长，皮肤细胞的生长速度会下降。这意味着皮肤变薄，不能很好地修复损伤。在你的皮肤经常活动的地方——尤其是我们用来谈话、吃饭和表达感情的面部——皮肤开始形成永久性的皱褶。

幸运的是，技术意味着我们可以解决许多衰老问题。眼镜、助听器，甚至是改善视力或髋关节置换的手术，都意味着许多人可以在老年时保持积极、健康和快乐的心态。

3秒钟总结

随着人类年龄的增长，一些细胞会死亡脱落，导致衰老。

小知识

长寿时代

你可能不喜欢变老这个想法，但至少我们比以前活得更久。在世界范围内，人类的平均寿命从1900年的不足40岁提高到如今的近70岁！这主要归功于健康食品的充分供给、更好的药品和更温暖、更安全的家园。

老年人可以通过传授经验和技能来帮助其他人

随着年龄的增长，运动有助于保持身体健康

拼图、游戏和阅读能让你的大脑保持良好运作

爷爷和奶奶经常帮忙照顾他们的孙辈

随着变老，身体开始出现磨损，人们可以做很多事情来保持健康

基因和DNA

30秒大揭秘

所有生命都有基因，基因可以控制细胞的工作方式，也控制着生物的生活和成长。但什么是基因，什么是DNA?

如果你仔细观察一个典型的人体细胞内部，你会发现一个细胞核，也就是细胞的控制中心。细胞核内有46条卷曲的纤维，它们被称为染色体。染色体是由名为DNA的化学物质组成的。DNA形成长的、线状的结构，类似于一个薄的、扭曲的梯子。DNA由四种名为碱基的化学物质组成。

基因是DNA的一部分，含有特定的碱基序列。碱基作为一种代码，可以被细胞理解和遵循，就像是一组指令。每个基因会告诉细胞如何制造身体需要的东西，也包括新的细胞和身体部位，以及身体物质，如头发或唾液。

大多数细胞都有一套完整的染色体和基因，但它们只利用自己需要的基因来完成特定的工作。因此，如果毛囊细胞需要制造毛发，它们就会按照含有制造毛发指令的基因的蓝图来工作。

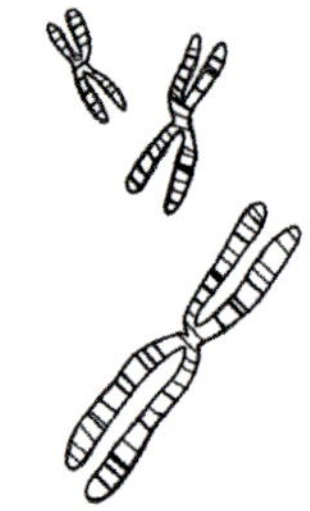

3秒钟总结

基因是由DNA构成的，并含有让细胞遵守的指令。

小知识

你的染色体有多长?

- 如果一个细胞中的染色体被解旋并伸展开，其总长将会达到2米。
- 你的身体大约有100万亿个细胞，而且大多数细胞含有一整套染色体。
- 如果将你体内所有的染色体都伸展开，它们将达到2 000亿公里。这个距离可以让我们从地球到太阳走70个来回!

细胞由位于细胞核内的基因（DNA片段）控制

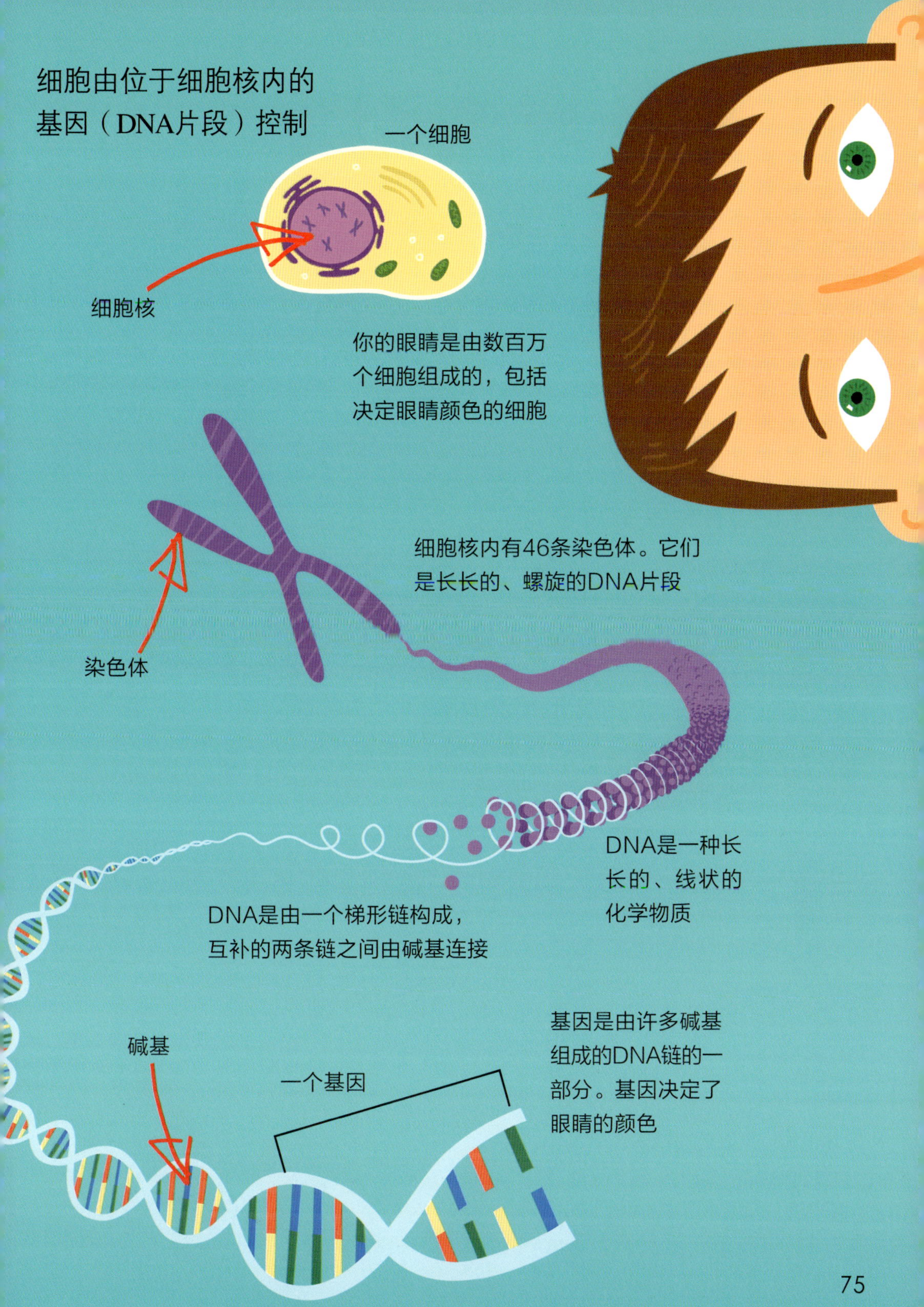

你的眼睛是由数百万个细胞组成的，包括决定眼睛颜色的细胞

细胞核内有46条染色体。它们是长长的、螺旋的DNA片段

DNA是一种长长的、线状的化学物质

DNA是由一个梯形链构成，互补的两条链之间由碱基连接

基因是由许多碱基组成的DNA链的一部分。基因决定了眼睛的颜色

是什么造就了你

30秒大揭秘

虽然地球上有大约70亿人，但没有人和你是一样的。你有独特的外表、走路的样子、喜欢和不喜欢的东西。是什么造就了你？在一定程度上是基因。

每一种生物都有自己的一套基因组，或说一组基因。正因为你属于人类，所以你有一套人类的基因组。它使你成长为人类的样子，具有人类的特征和人类的能力，例如走路和说话。

但每个人的基因都略有不同。这是因为当生物制造出新的细胞时，细胞就会得到自己的一套基因组副本。复制并不总能完美地进行，所以就可能会出现错误。

这就是为什么人们的头发、眼睛和皮肤的颜色，以及身高和面貌会有区别，而这些属性被称为遗传特征。父母把他们的特征组合起来传递给孩子，这就是为什么黄头发这样的特征可以世代沿袭。

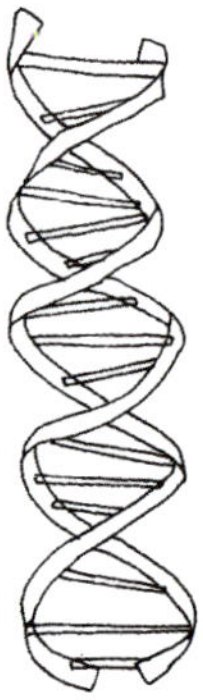

然而，不仅仅是你的基因造就了你。经历和学习也很重要，比如你吃到的食物和晒到的阳光，以及诸如演奏乐器之类的经验。

小知识

同卵双胞胎

同卵双胞胎的出现开始于一个细胞分裂成两个细胞。这意味着他们从一开始就具有完全相同的DNA，而且他们之间的相似程度比世界上任何两个人之间的共性都大。然而，他们有自己的个性，细胞中的DNA也会随着时间而逐渐变化。此外，他们有不同的指纹，因为指纹是在他们的手指在子宫中触摸东西时形成的。所以即使你是同卵双胞胎之一，你仍然是独一无二的个体。

3秒钟总结

你是由你的基因（先天）和经历（后天）共同造就的独特生命。

你独特的基因使你与众不同

基因由DNA组成，DNA由双螺旋结构组成，有点像一个螺旋形的过山车

☆ 小问题答案 ☆

第12页：器官测试
肾脏——滤除血中废物
心脏——泵血
食道——将食物从喉咙运送到胃
肺——从空气中提取氧气
淋巴结——困住细菌
喉——发出声音

第54页：哄骗你的大脑！
它们是一样长的！试着用尺子测量它们，这样你就可以看到了！

第70页：生长需要多长时间？
蜜蜂—— 21天
宽吻海豚——14年
巨龟——25年
金鹰——5年
蜻蜓——3年